Norbert Lurz
Das Micha-Prinzip

Lebenskrisen sind keine Katastrophen!

Ein kleiner Mann mit einer großen Vision liegt buchstäblich am Boden. Aber er weiß: Hinfallen ist schlimm, Liegenbleiben ist tödlich. Micha wird zu einem Ermutiger und Aufrichter. Er lebt das biblische Prinzip, das uns zum Aufstehen und Weitergehen hilft.

In einer bitteren persönlichen Niederlage hat Norbert Lurz, Regierungsdirektor in einem Kultusministerium, selbst daraus gelernt. Nahe liegend, dass der Historiker und Sportfreund bei seinem Nachdenken auf Gestalten der Antike (Leonidas) und unserer Zeit (Sophie Scholl, Hillary Clinton, George Foreman u. v. a.) stieß, um uns zu ermutigen: Lebenskrisen sind keine Katastrophen!

Ein persönliches, konkretes, lesenswertes Buch!

Hans Steinacker,
Publizist, Autor, Literaturexperte und ehemaliger Verlagsleiter

Für all diejenigen, denen nach einer Niederlage im Leben das Herz schwer geworden ist.

Der Autor

Norbert Lurz wurde 1963 in Freiburg im Breisgau geboren und wuchs in Ebringen im Markgräflerland nahe der Schweizer Grenze auf. Nach dem Abitur in Freiburg studierte er Klassische Archäologie, Alte Geschichte, Christliche Archäologie und Byzantinistik sowie Evangelische Theologie. Sein beruflicher Weg führte ihn in die Verwaltung des Landes Baden-Württemberg nach Stuttgart. Er arbeitete als Parlamentarischer Berater im Landtag, als Grundsatzreferent im Staatsministerium sowie als Leiter des Ministerbüros im Kultusministerium. Derzeit leitet er als Regierungsdirektor das Weiterbildungsreferat, ebenfalls im Kultusministerium. In seinem Wohnort Schönaich war er als evangelischer Kirchengemeinderat und politischer Gemeinderat aktiv. Ehrenamtlich engagiert er sich heute als Prädikant der ev. Kirche, als Vorsitzender des örtlichen Turn- und Sportvereins, betreut ein Sport- und Einkehrseminar im Kloster Kirchberg bei Horb am Neckar, arbeitet in seiner Funktion als Gastdozent der STH Basel in einem archäologischen Projekt in Israel mit und sitzt im Landesvorstand des Evangelischen Arbeitskreises der CDU in Baden-Württemberg. Eng verbunden ist er der Evangelischen Michaelsbruderschaft, den Johannitern sowie der christlichen Frühstücksarbeit in Verwaltung und Politik.

Norbert Lurz ist verheiratet mit Katharina (Dipl.-Betriebswirtin) und hat drei Söhne.

Wenn Sie mit dem Autor in Kontakt treten wollen, können Sie dies über norbert.lurz@web.de gerne tun.

Norbert Lurz

Das Micha-Prinzip

Wie aus Niederlagen Siege werden können

BRUNNEN
VERLAG BASEL · GIESSEN

Bibliografische Information der Deutschen Bibliothek
Die Deutsche Bibliothek verzeichnet diese Publikation in der Deutschen Nationalbibliografie; detaillierte bibliografische Daten sind im Internet über http://dnb.ddb.de abrufbar.

Die Bibelstellen wurden folgenden Übersetzungen entnommen:

EIN = Einheitsübersetzung
ELB = Elberfelder Bibel
GNB = Gute-Nachricht-Bibel
HFA = Hoffnung für alle
LUT = Lutherbibel
NLB = Neues-Leben-Bibel

Umschlag: spoon design, Olaf Johannson, Langgöns
Fotos Umschlag: Shutterstock.de
Satz: Bertschi & Messmer AG, Basel
Druck: Bercker, Kevelaer
Printed in Germany

ISBN 978-3-7655-1445-6

Inhalt

Vorwort

Das «Micha-Prinzip»? Brauchen wir überhaupt ein neues Prinzip, oder gibt es nicht schon Prinzipien genug? Ich gebe zu, die Aussage eines Buches in ein Prinzip zu kleiden und dies mit dem alttestamentarischen Propheten Micha in Verbindung zu bringen, erscheint zunächst gewagt. Warum eigentlich Micha? Micha spielt in der Bibel eine kleine Nebenrolle. Auch vielen Leserinnen und Lesern der Schriften des Alten Testaments ist Micha weitgehend unbekannt. Und doch stehen Teile eines Gebets am Ende des gleichnamigen Buches des Propheten für eine tröstliche Botschaft insbesondere für Menschen, die in bestimmte Krisen geraten sind. Krisen, die durch eine eigene bewusste Entscheidung hervorgerufen worden sind. Menschen, die sich einem Wettstreit in der Politik, im Beruf, im Privatleben oder im Sport stellen, haben vielfach die Erfahrung gemacht, dass sie den Kürzeren zogen und zu Verlierern wurden. Diesen Menschen möchte ich mit dem vorliegenden Buch Mut machen, ihre tatsächlich erfahrenen oder subjektiv empfundenen Niederlagen im Leben aufzuarbeiten.

Ausgangspunkt der Idee für ein Buch war eine von mir als bitter empfundene Niederlage in einem Bürgermeisterwahlkampf. Im November 2007 hatte es für mich trotz knapp dreißig Prozent der Wählerstimmen nur zu einem zweiten Platz im Rennen um einen Bürgermeisterposten in einer mittelgroßen

Gemeinde gereicht. Da wir insgesamt fünf Kandidatinnen und Kandidaten gewesen sind, war die Silbermedaille in einer Volkswahl zwar ein Achtungserfolg. Doch gilt bei solchen Wahlen das antike olympische Gesetz: «Der Sieger bekommt alles.»

Für fast alle Menschen sind Niederlagen oder Misserfolge bei einer politischen Wahl, bei einer Bewerbung um einen angestrebten Arbeitsplatz oder einem sportlichen Wettstreit bzw. vor Gericht – um nur einige wenige Beispiele zu nennen – eine unangenehme bis traumatische Erfahrung. Das Gefühl der Ohnmacht im Anblick des feiernden Gegners und des eigenen schwindenden Traumes ist ein schmerzlicher Einschnitt. Die Tage, Wochen oder Monate danach können die Elemente einer Trauerarbeit mit sich bringen. Nicht wenige Menschen erholen sich kaum mehr von einem solch unerwünschten Ausgang und flüchten in die innere Emigration und weichen über lange Zeiten anderen Personen oder Verpflichtungen aus. Andere gleichen wiederum eher dem in den 60er-Jahren berühmten «HB-Männchen», das nach ungewollten Ereignissen förmlich durchdrehte, in die Luft ging und erst durch die entsprechende Zigarette wieder besänftigt werden konnte. Mit beiden überdrehten Reaktionen können aber die Entscheidungen oder Geschehnisse nicht rückgängig gemacht werden.

In meinem Fall einer Wahlschlappe habe ich nach einer ersten Enttäuschung versucht, Positives und Negatives abzuwägen, die Niederlage abzuhaken und nach vorne zu schauen. Niederlagen und Siege gehören zum Leben. Sie sind, besser gesagt, Ausdruck unseres Lebens in dieser Welt.

Ein Freund hat mir in den Tagen nach der Wahl vor einer Erholungsreise an den See Genezareth eine E-Mail mit folgendem Inhalt zukommen lassen: «Ich finde es bewundernswert, wie Sie die Wahl auf- und annehmen können, und wünsche Ihnen viel Kraft für die neuen Schritte und Planungen, die jetzt bevorstehen. Wenn Sie an den See Genezareth fahren, dann sind Sie auf den Spuren dessen, der im Scheitern vor den Augen der Menschen dennoch Gottes Nähe erfahren hat. Dass Sie diese Nähe auch erfahren, wünsche ich Ihnen von Herzen.» Mir ist es wie Schuppen von den Augen gefallen. Das «Scheitern» Jesu auf Golgatha war von außen ein vollständiges Desaster, nach innen aber ein Sieg, der die Welt verändert hat. So gesehen haben wir einen Herrn, der das Scheitern wie kein anderer kennt. Zu ihm können wir mit unseren Niederlagen kommen. Nicht zuletzt diese Erkenntnis möchte ich mit diesem Buch vermitteln. Auch in Niederlagen ist uns Gott nahe.

In solchen Geschehnissen kann sogar die Anwesenheit Gottes entdeckt werden. Josef Schnusenberg, der Präsident des deutschen Fußball-Bundesligaclubs Schalke 04, hat dies in einem Vorwort der so genannten «Schalke-Bibel» treffend formuliert: «Manchmal ist Gott in der Freude über einen Sieg zu entdecken, manchmal im Trost nach einer Niederlage.»

Das vorliegende Buch will einige bekannte und weniger bekannte Beispiele von Siegen und Niederlagen vorführen. Es will ohne Anspruch auf Vollständigkeit zeigen, wie Menschen vor verschiedenstem Lebenshintergrund damals und heute mit Niederlagen umgegangen sind und wie diese sich manchmal sogar über eine längere Zeit ins Gegenteil verkehrt haben. Niederlagen sind auch Siege – und umgekehrt. Entscheidend sind der Umgang mit der vermeintlichen Niederlage und die Konsequenzen, die daraus gezogen werden. Auch wenn es teilweise Niederlagen geblieben sind: Mir ist es ein Anliegen, darstellen zu können, dass es keinen Grund gibt, den Kopf hängen zu lassen, wenn etwas schiefgelaufen ist. Niederlagen können nicht selten wichtige Meilensteine in einem Leben sein, die zu einem letztlich erfüllenden Verlauf einen wichtigen Beitrag leisten. Tatsächlich kommt es auf die

Sichtweise oder Perspektive an, wie man entsprechende Einschnitte im Leben betrachtet. Wer nie den Geschmack einer Niederlage gekostet hat, wird auch Siege nicht hinreichend auskosten können. Darum will das Buch auch Mut machen, sich Herausforderungen zu stellen, obwohl vielleicht die Angst überwiegt, an einer Aufgabe scheitern zu können. Wie einst die demoralisierten Jünger auf dem Weg nach Emmaus dürfen wir darauf hoffen, dass der auferstandene Herr auch uns begleitet und uns in vielfacher Hinsicht auf unseren Wegen begegnet.

Warum aber nun «Micha-Prinzip»? Michas Leben und Aussagen sind aus meiner Sicht geeignet, einen guten Umgang mit Niederlagen und mit dem Scheitern im eigenen Leben finden zu können. Der Betroffene darf aber bei der Interpretation von Sieg und Niederlage nicht stehen bleiben. Der Ausblick nach vorne muss gewagt werden. Dafür ist Micha ein gutes Beispiel. Micha scheint Niederlagen erfahren zu haben angesichts einer Botschaft, die nicht auf offene Ohren gestoßen ist. «Ich liege am Boden», sagt er in Micha 7,8, «doch» – und das ist das Entscheidende! – «ich stehe wieder auf.» Micha hat sein Scheitern nicht verzagen lassen, denn er hat Zuflucht bei Gott gesucht. «Ich aber schaue aus nach dem Herrn, ich warte voll Vertrauen auf Gott, meinen Retter. Mein Gott wird mich erhören ... Zwar sitze ich in der Finsternis, aber der Herr ist mein Licht ... Er wird mich hinausführen ins Licht» (Micha 7,7–9; EIN).

Niederlagen müssen nicht endgültig sein. Sie sind Krisen, die gleichzeitig Chancen sind. Folgen wir Micha und seinem Prinzip, auf Gott zu vertrauen, können wir auch den Weg aus solchen misslichen Situationen finden. Prinzipien sind dazu da, Anwendung zu finden. Michas Prinzip des Aufstehens und nicht Liegenbleibens angesichts misslicher Umstände kann und soll auch heute Gültigkeit haben. Prinzipien wollen ausprobiert werden. Das Buch soll helfen, Mut zu schöpfen und aus Niederlagen letztlich persönliche Siege werden zu lassen.

Norbert Lurz

Zwischen Verdrossenheit und Widerstandsfähigkeit

Belastende Ereignisse können im Leben von Menschen katastrophale Auswirkungen haben. Psychologen und Mediziner sprechen von posttraumatischen Belastungsstörungen, wenn traumatische Geschehnisse wie Kriegserfahrungen, Anschläge, Naturkatastrophen, schwere Verkehrsunfälle bis zu Vergewaltigungen und schlimmsten Diagnosen in tiefe Verzweiflungsnöte münden. Es handelt sich fast immer um Umstände, die auf die Menschen wie eine Lawine herunterstürzen. In einigen Fällen werden diese Erlebnisse auch als Niederlage empfunden, doch sollten an dieser Stelle die in diesem Buch zu behandelnden Niederlagen und Krisen davon deutlich unterschieden werden. Niederlagen im herkömmlichen Sinne sind Situationen, mit denen als Folge zu rechnen war, da man sich freiwillig zum Beispiel einem Wettstreit ausgesetzt hat. Sie können zwar auch zu posttraumatischen Belastungsstörungen führen, sind aber mit den unerwartet auf einen hereinbrechenden Katastrophen nicht in einen Topf zu werfen.

Menschen mit posttraumatischen Belastungsstörungen wie zum Beispiel dem bekannten «Kriegszittern» bei Opfern der Weltkriege oder bei Soldaten, die in Afghanistan oder im Irak Dienst geleistet haben, Einnässen von Kindern oder noch bei Jugendlichen im südisraelischen Sderot aufgrund des fortwährenden Kassam-Raketenbeschusses durch palästinensische Terroristen oder auch mit anderen dramatischen Symptomen wie etwa Persönlichkeitsveränderungen, Suchtverhalten oder auch Suizidgefährdung bedürfen dringend therapeutischer Behandlung. Ziel dieser Hilfe ist die Stärkung der so genannten Resilienz, einer Widerstandsfähigkeit, die zum Meistern entsprechend schwieriger Lebenssituationen und Belastungen nötig ist.

An dieser Stelle muss deutlich gesagt werden, dass diese zweifellos wichtigen Aspekte nur in dieser Textpassage Inhalt meines Buches sind. Niederlagen, über die ich im Folgenden schreibe, sind Ergebnisse bewusster Entscheidungen, denen ich mich stelle, und von Situationen, in die ich mich hineinbewege. Dennoch dürfen wissenschaftliche Erkenntnisse, die im Rahmen der Resilienzforschung gewonnen worden sind, nicht außer Acht gelassen werden.

In der Pädagogik werden ganze Bevölkerungsgruppen als resilient bezeichnet, die erschwerte Bedingungen ohne Beeinträchtigungen durchstehen. Als Beispiel werden von dem amerikanischen Psychologen Nathan Caplan von der University of Michigan die vietnamesischen Boatpeople in den USA genannt. Diese vor dem kommunistischen Regime in Vietnam über das südchinesische Meer in die USA und nach Europa geflohenen Menschen suchten Rettung und eine bessere Zukunft. Aufgrund der mangelnden Sprachkenntnisse und Mittellosigkeit schienen sie ohne Chancen zu sein, ihren Kindern in der neuen Heimat Karrierechancen eröffnen zu können. Umso erstaunter zeigte sich Caplan, als seine Tests gerade diesen Kindern höhere Leistungserfolge beschieden als Kindern aus der weißen Mittelschicht. Wie ist dies zu begründen?

Dieser als resilient zu bezeichnenden Bevölkerungsgruppe möchte ich ergänzend den wissenschaftlichen Begriff des «posttraumatischen Wachstums» hinzufügen. Dieser psychologische Terminus meint Menschen, die an traumatischen Erlebnissen nicht zerbrechen, sondern daran sogar wachsen. Sie gehen aus schwersten Krisen gestärkt hervor, an denen andere

Personen längst verzweifelt wären. Diese Menschen haben sich als besonders resilient erwiesen. Wie haben sie das geschafft? In der Psychologie ist diese Frage ein Kernthema gerade auch im Hinblick auf eine wirkungsvolle Therapie.

Der amerikanische Psychiater Dr. Matthew Tull von der University of Massachusetts Boston identifiziert einige interessante charakteristische Eigenschaften, die resiliente Menschen auszeichnen. Menschen, die Krisen besser bewältigen als andere sind demnach Personen, die ...

- mit Stress effektiv umgehen,
- bei Problemen um Hilfe bitten,
- den Glauben haben, dass Menschen ihnen helfen können,
- selbst ebenfalls anderen helfen,
- enge Familien- und Freundesbande leben,
- das Positive auch im Negativen sehen und
- spirituelle Persönlichkeiten sind.

Diese wissenschaftlich nachgewiesenen Eigenschaften, die im Übrigen fast alle auf die Boatpeople zutreffen und so deren phänomenale Erfolge erklären, sollten für Menschen, die sich als Christinnen und Christen bezeichnen, keine Fremdwörter sein. Aus ihnen kann abgeleitet werden, wie mit einer Krise, aber auch mit einer Niederlage umgegangen werden kann.

Enge Familien- und Freundesbande sind beispielsweise Netzwerke, die Problem- und Konfliktsituationen auffangen helfen. Menschen, die sich gegenüber anderen öffnen können und selbst ebenfalls anderen geholfen haben, werden Hilfe in schwierigen Phasen ihres Lebens eher annehmen als andere, die in sich gekehrt sind und sich abschotten.

Menschen, die misslichen Lagen noch positive Aspekte abgewinnen können und darüber hinaus spirituell handeln, das heißt einen Blick über den Tellerrand in vielfacher Hinsicht wagen, werden auch von einem Sturm nicht leicht umgeweht.

Perspektivenwechsel und Spiritualität scheinen mir nicht nur im Hinblick auf traumatische Erlebnisse, sondern auch im Hinblick auf empfundene Niederlagen ein Schlüssel zur Überwindung der Krise zu sein. Wichtig dafür sind zunächst die Einschätzung und die Akzeptanz der Lage, die sich je nach Perspektive unterschiedlich darstellt. Gerade dies hilft, dass auch Positives aus dem Negativen herausgelesen werden kann.

Im Folgenden sollen in diesem Buch deswegen im Abschnitt *Niederlagen und Siege* Beispiele von biblischen und zeitgenössischen Personen und Personengruppen vorgestellt und damit gezeigt werden, dass die eigene Perspektive mitentscheidend ist dafür, wie ich mit der Krise umgehe. In den weiteren Abschnitten werden Geschichten von Menschen aufgeführt, die zeigen, wie mit Niederlagen umgegangen werden kann. Auch soll unterstrichen werden, dass durch solche Krisenzeiten der Einzelne nicht entmutigt werden darf, neue Herausforderungen anzunehmen. Leben wird gerade dann erfahrungsreich, tiefgründiger und vielfältiger, wenn Krisen als Chancen begriffen werden.

1

Niederlagen und Siege: Entscheidend ist die Perspektive

Von Siegen und Niederlagen

Ein Sieg ist «ein Erfolg im Kampf», wie Mackensen in seinem Großen Deutschen Wörterbuch beschreibt. «Der Sieg über einen Gegner wird im militärischen oder sportlichen Kampf sowie im politischen oder künstlerischen Wettbewerb errungen», ergänzt das Wissensportal Wikipedia. Der dabei Unterlegene erfährt eine Niederlage oder ist der Geschlagene. So weit die Theorie.

Sieg kann Bestandteil von Varianten für besondere Aspekte der Wortbedeutung sein. Schlägt eine Mannschaft eine andere haushoch, so sprechen wir von einem Kantersieg. Ein zu teuer erkaufter Sieg wird mit Pyrrhussieg umschrieben (siehe späteres Kapitel). Die Nationalsozialisten schwafelten von einem unsäglichen Endsieg.

Demgegenüber steht die Niederlage. Das Wort kommt vermutlich aus dem Stapelrecht mittelalterlicher Städte. Durchreisende Händler mussten ihre Waren für eine gewisse Zeit am Ort zum Verkauf stellen, das heißt «niederlegen». Noch heute werden Zweigniederlassungen in bestimmten Firmenbranchen wie zum Beispiel den Brauereien als Niederlagen bezeichnet. Vermutlich wurde die Gängelung der Händler damals als Demütigung oder zumindest als Nachteil empfunden, was schließlich zu der modernen Wortbedeutung geführt hat.

Niederlagen können unglücklich, knapp oder auch vollständig sein. Im letzteren Fall spricht man nicht nur im Sport von einem Debakel. Oft erleben Menschen heute Niederlagen subjektiv als Debakel, obwohl die Umwelt diese Einschätzung objektiv nicht teilt. Manche Menschen erleben auch das Altern als Niederlage. Fest steht, dass Niederlagen schmerzliche Einschnitte im Leben sind. Sie müssen verdaut und verarbeitet werden. Niederlagen sind zunächst einmal Niederlagen und schmecken auch entsprechend bitter. Ob aber das Wort des deutschen Lyrikers Ernst Hauschka stimmt, der sagte, dass man genau die Kraft zur Verarbeitung einer Niederlage brauche, die gefehlt hat, um einen Sieg zu erringen, wage ich zu bezweifeln.

Die Ursachen von Niederlagen sind sehr unterschiedlich. Natürlich kann der Hammerwerfer mit mehr Kraft und Technik eine Niederlage gegen einen Konkurrenten im nächsten Wettkampf in das Gegenteil verkehren. Aber schon die Beispiele aus dem Sport zeigen, dass dies nicht die Regel ist. Im Mai 2001 wurde der Fußball-Bundesligaclub Schalke 04 auf der Zielgeraden des Weges zur Deutschen Meisterschaft von den Münchner Bayern abgefangen. Die Fußballfans haben die Bilder noch vor Augen, wie feiernde Schalker nach dem Abpfiff ihres letzten Saisonspieles mitten in ihren Siegesfeierlichkeiten erstarrten, als sie von einem späten Tor der Münchner in der Nachspielzeit in Hamburg erfuhren. Mit einer Niederlage in Hamburg wäre der deutsche Serienmeister aus München lediglich Vizemeister geworden. So konnte aber ein Freistoß in letzter Minute das zu diesem Zeitpunkt nicht mehr zu hoffende Unentschieden bringen. Über Sieg und Niederlage entschieden hüben wie drüben wenige Sekunden.

Da Schalke den Titel eigentlich aufgrund der gezeigten sehr guten Spiele in jener Saison verdient gehabt hätte, wurde die Mannschaft von den Medien kurzerhand zum «Meister der Herzen» gekürt. Lediglich eine inoffizielle Auszeichnung, die Schalke 04 aber zusätzlich viel Sympathie (und damit auch Mitglieder und Einnahmen) gebracht hat.

Eigentlich hätte der interessierte Sportzuschauer nach dieser Herzensmeisterschaft aber erwarten können, dass die kommende Spielzeit endlich den heißersehnten realen Titel bringen würde. Obwohl die Fußballer aus dem Revier sich im Sinne Hauschkas sicherlich ins Zeug gelegt haben, sprangen in den folgenden drei Jahren lediglich mittlere Plätze heraus. Es gibt keine Gesetzmäßigkeiten, die alleine durch Kraftanstrengung nach einer Niederlage einen Sieg folgen lassen würden. Oft erleben Menschen sogar Niederlage auf Niederlage. Das Leben scheint dann eine Spirale nach unten zu sein. Und trotzdem gibt es ein Licht am Ende des Tunnels. Der französische König Franz I., der 1525 in einem Brief an seine Mutter die verlorene Schlacht von Pavia und seine darauffolgende Gefangenschaft mitteilte, hat dies so ausgedrückt: *Alles ist verloren, nur die Ehre nicht!*

Damit soll hier keiner falschen Ehrentümelei das Wort gesprochen werden. Vielmehr ist in jeder Niederlage zumindest ein positiver Grundaspekt verankert, den es zu entdecken gibt. Christen haben darüber hinaus die Möglichkeit zu fragen, welcher Wille Gottes mit meinem Leben in solchen Situationen verbunden ist. In nicht wenigen Fällen wird mit einigem Zeitabstand gesehen, dass aus dem Negativen von damals heute etwas Positives entstanden ist.

Pyrrhus und die Last des Sieges

Siege sind auch Niederlagen: Pyrrhussiege sind sprichwörtlich geworden. Gemeint sind Siege, die so verlustreich sind, dass sie sich mittel- und langfristig in Niederlagen wandeln. Viele Menschen erleben Erfolge oder Siege in ihrem Leben auf diese Weise. Schwer erkämpfte Siege, die sich nach Monaten oder spätestens Jahren gleich verglühenden Sternen als nicht nachhaltig herausstellen und dann wie ein Bumerang dem vermeintlichen Sieger zum Verhängnis werden.

Wer ist der Namensgeber dieser Variante eines Sieges, der eigentlich keiner ist? Pyrrhus war im dritten vorchristlichen Jahrhundert König der Molosser, eines griechischen Volkes im südlichen Balkanraum. Pyrrhus galt als hochtalentierter Stratege und Feldherr, der sich im Zuge der Nachfolgekämpfe um das Erbe Alexanders des Großen als eine der bemerkenswertesten Persönlichkeiten hervortat. Der römische Geschichtsschreiber schilderte ihn etwa dreihundert Jahre später als einen Menschen von «glänzender und unwiderstehlicher Tapferkeit im Kampfe und von größter Milde und Menschlichkeit gegenüber Verwundeten».

Überhaupt wird Pyrrhus von den Römern der späteren Jahrhunderte sehr vorteilhaft dargestellt, obwohl er ihnen auf eigenem italischem Boden empfindliche Niederlagen beigebracht hatte. Im so genannten Pyrrhischen Krieg siegte der junge Eroberer, der im Traum nach eigenem Bekunden von Alexander dem Großen selbst zu diesen Kämpfen aufgefordert worden sein soll, bei Heracleia (in der Nähe von Tarent), Ausculum (Ascoli) und auf der Insel Sizilien meist in Unterzahl gegen die römischen Armeen, bevor er nach einem Patt bei Beneventum (Benevent) aufgrund der hohen Verluste in den eigenen Reihen nach Griechenland zurückkehren musste. «Ein bedeutender Teil des Heeres war umgekommen und zugleich fast alle seine Feldherren und Freunde», berichtete Plutarch über Pyrrhus.

Unbesiegt und doch geschlagen fand er sich auf dem griechischen Festland wieder. Nach der ersten großen Schlacht bei Heracleia soll er einem, der ihm Glück wünschte, gesagt haben: «Noch so ein Sieg gegen die Römer, und wir sind rettungslos verloren.» Der Ruhm der Siege über die römischen Armeen hielt aus diesem Grund auch nach seiner Rückkehr in die Heimat nicht lange an. Im Kampf gegen die Spartaner fiel er im Jahre 272 vor Christus im Häuserkampf in Argos, nachdem ihm in einem Hinterhalt ein Ziegel auf den Kopf geworfen worden war. Sein von Plutarch gerne geschilderter Hang zum Kämpfen an der Seite seiner Soldaten in vorderster Linie war ihm zum Verhängnis geworden.

Pyrrhussiege gibt es zuhauf auch im privaten Leben. Ich denke nur an familiäre Auseinandersetzungen, wo der vermeintlich Stärkere seinen Willen leider nicht selten auch mit aller Gewalt durchsetzt und am Ende einen Scherbenhaufen hinterlässt. Solche Siege sind nicht nachhaltig, allenfalls von kurzfristiger und fragwürdiger Dauer. Auch im persönlichen Arbeitsumfeld oder im gesellschaftlichen Leben ist es nicht selten, dass mit Kanonen auf Spatzen geschossen wird und am Ende der vermeintliche Sieger alleine dasteht. «Noch so eine Reiberei, und ich schmeiße die Brocken hin», könnte im Anklang an Pyrrhus in solchen Situationen vielleicht gesagt werden.

Statt dem Pyrrhus nachzueifern, sollten solche Gefechte im persönlichen Bereich vermieden werden. Die Scherben sind in vielen Fällen nicht mehr zu kitten. Wer andererseits der Leidtragende ist und sich einem Pyrrhus stellen muss, sollte eine solche Niederlage trotz der erhaltenen Blessuren möglichst schnell abhaken. Niederlagen gegen rabiate Kollegen oder auch Chefs können mittel- oder langfristig eine Wendung erfahren. Wichtig ist, klug und zurückhaltend zu agieren. Das Bezeichnende an solchen Pyrrhus-Persönlichkeiten ist deren kurze Halbwertszeit. Wie ihr Namensgeber haben sie ihr Pulver bald verschossen. Ihre Autorität steht auf tönernen Füßen. Die Römer sind dem Pyrrhus ausgewichen – so gut es ging. Vielleicht ist dies auch für die Moderne zuweilen eine gute Empfehlung.

Das Drama um Absalom

Siege sind auch Niederlagen: Den Bibelleserinnen und -lesern ist die Geschichte von Absalom, König Davids drittältestem Sohn, der ihm in Hebron geboren wurde, sicher wohlbekannt. Absalom war von beeindruckender Gestalt. Das zweite Samuelbuch beschreibt ihn gleich einer im Lande unvergleichlichen Lichtgestalt. «Es war aber in ganz Israel kein Mann so schön wie Absalom, und er hatte dieses Lob vor allen; von der Fußsohle bis zum Scheitel war nicht ein Fehl an ihm» (2. Samuel 14,25; LUT). Absalom war aber mehr als ein Schönling. Er hatte den Mut und die Entschlossenheit sowie den Ehrgeiz seines Vaters David geerbt. Dies machte ihn zu einem potenziellen Aspiranten für die Thronnachfolge. Im Weg stand ihm vor allem aber sein ältester Bruder Amnon. Dieser wurde von David geliebt und wohl auch als Thronfolger aufgebaut.

Dass es nicht so weit kam, hatte Amnon sich selbst zuzuschreiben. Krank vor Leidenschaft vergewaltigte er seine Halbschwester Tamar, die ihn zuvor zurückgewiesen hatte. Nach der Tat schmiss Amnon Tamar aus dem Haus und machte deren Schande in der damaligen jüdischen Gesellschaft vollkommen, indem er ihren Wunsch nach Heirat abschlug. Von David wird berichtet, dass ihn das Geschehen sehr zornig machte. Von einer Bestrafung des Sohnes wird aber nichts bekannt. So nahm Absalom, der mit Tamar auch dieselbe Mutter hatte, das Recht auf Vergeltung für sich in Anspruch und ließ Amnon bei günstiger Gelegenheit zwei Jahre später ermorden. Ob dabei auch das Kalkül der Beseitigung des Thronfolgers eine Rolle gespielt haben mag, wird im zweiten Samuelbuch nicht ausdrücklich ausgesprochen. Das weitere Geschehen könnte aber darauf hindeuten.

Zunächst folgte die Flucht Absaloms in das Königreich Geschur, wo er drei Jahre lang blieb. Tamar und Absaloms Mutter Maacha war eine Königstochter aus jenem Reich, das sich mit den Israeliten über die Jahrhunderte überwiegend arrangiert hatte. Davids Zorn über den Mord und den verbannten Sohn legte sich nach dieser Zeit. Samuel beschreibt, «wie sehr der König Absalom vermisste» (2. Samuel 14,1; NLB). So war es folgerichtig, dass sich David und Absalom aussöhnten. Auch in diesem Fall scheint David keine Bestrafung vorgenommen zu haben. Einzig gebot er, dass Absalom ihm «nie unter die Augen kommen» darf. Ein mildes Vorgehen, das Absalom seinem Vater wohl als Schwäche auslegte. Nicht anders ist es zu erklären, dass er begann, gegen seinen Vater Intrigen zu spinnen und Anhänger um sich zu scharen. Einen möglichen friedlichen Übergang der Krone nach dem Ableben Davids auf ihn schien Absalom nicht abwarten zu wollen. Vielleicht sah er für sich nach dem Brudermord gegenüber den verbliebenen Mitbrüdern keine Chance mehr, rechtmäßiger Thronfolger zu werden.

So kam es, wie es in der Geschichte an vielen Orten zu beobachten war. Die Macht lockte. Der Zweck heiligte die Mittel. Absalom plante einen gewaltsamen Umsturz. Vier Jahre vergingen, bis er sich stark genug fühlte, die Macht an sich reißen zu können. Als Schauplatz wählte er sich ausgerechnet jenen Ort aus, an dem die Väter des Volkes Israels begraben lagen und König David selbst zum König ausgerufen und gesalbt worden war: Hebron.

Es ging alles sehr schnell. Unter dem Vorwand der Einlösung eines Gelübdes lockte Absalom über zweihundert Gäste aus Jerusalem und Vertreter aus allen Stämmen Israels in den für das Volk so bedeutsamen Ort. Obwohl diese in der Mehrheit nichts von den wahren Absichten Absaloms ahnten, dienten sie ihm als Statisten, die dem Treffen den Anschein einer repräsentativen Versammlung gaben. Schnell wurde von den Verschwörern über das ganze Land verbreitet, dass Absalom in Hebron zum König ausgerufen worden sei. Die Nachricht wurde zum Selbstläufer. Sympathisanten des bisherigen Königs liefen aus Furcht und Anbiederung zum vermeintlich neuen König über. David wurde berichtet: «Ganz Israel ist zu Absalom übergelaufen.» Worauf David erwiderte: «Wir müssen sofort fliehen! Es gibt für uns keine Rettung vor Absalom» (2. Samuel 15,13–14; NLB). Was folgte, gleicht einer vollständigen Kapitulation. «Der König [David] und alle, die zu seinem Hof gehörten, verließen sofort die Stadt [Jerusalem]» (2. Samuel 15,16; NLB). David verlässt Hals über Kopf seine Residenz und flieht über den Ölberg in Richtung Westen gegen das Jordantal. Er bot das traurige Bild des geschlagenen Verlierers. «David ging den Weg hinauf, der zum Ölberg führte, und er weinte. Sein Kopf war verhüllt und er ging barfuß. Auch die Leute, die bei ihm waren, verhüllten ihr Gesicht und weinten, während sie den Berg hinaufstiegen» (2. Samuel 15,30; NLB).

David schien am Ende zu sein. Man kann fragen, warum er nicht um seinen Thron gekämpft hat. Vielleicht hat er früh resigniert. David befand sich in den letzten Jahren seiner Regentschaft. In jungen Jahren hatte er selbst erlebt, wie das Königshaus des Saul geendet und wie schnell das Volk im damaligen Fall sich ihm zugewandt hatte. Vielleicht wollte er einen Bürgerkrieg der Israeliten untereinander um Jerusalem vermeiden. Möglicherweise sah er in der aufkommenden Gefahr ein Gericht Gottes über seine nicht immer gesetzeskonforme Amts- und Lebensführung. Immerhin wollten sich die Priester mit der Bundeslade dem Gefolge der letzten Getreuen anschließen. Noch immer aber sah er Gott als letztlich Handelnden und befahl dem Hohenpriester Zadok: «Wenn der Herr mir gnädig ist, wird er mich zurückbringen und ich werde die Lade und das Heiligtum wiedersehen» (2. Samuel 15,25; NLB). Den Umkehrschluss ergänzte David nicht.

Ohne einen Pfeil zu verschießen, gestand David seine Niederlage ein und räumte das Feld für den triumphalen Einzug des neuen Herrschers Absalom.

Sieg und Niederlage sind in dieser Geschichte zum Greifen nahe. Die Rollen scheinen klar verteilt zu sein. Ein Vorgesetzter im vorgerückten Alter räumt wie selbstverständlich ohne Aufsehen seinen Platz; ein dynamischer Aufsteiger, der lange auf dieses Ziel hingearbeitet hatte, befindet sich nun auf dem Zenit der Macht. Insbesondere bei Führungskräften der Wirtschaft ist ein solcher Wandel gerade heute nichts Anstößiges mehr. Menschen ab Mitte fünfzig zählen trotz ihrer Erfahrungen nicht mehr zum Kreis derjenigen, die ein Unternehmen in die Zukunft führen könnten. Mit mehr oder weniger guten Abfindungen gehören sie schnell zum alten Eisen und finden kaum mehr neue Betätigungsfelder. In der Politik ist ein ähnlicher Trend zu beobachten, obwohl in den Medien noch vermehrt von einzelnen Politikern zu lesen ist, die zu lange an ihrem Amt festhalten und darüber stürzen. Der Trend geht hin zu jungen, unabhängigen und vielseitig einsetzbaren und verwendbaren Kräften, die die Herausforderungen kommender Zeiten schultern sollen und doch in vielen Fällen scheitern.

Zurück zu David und Absalom. Ein Zurückgehen zu den alten Verhältnissen schien undenkbar. Der geschlagene David hatte offenbar ausgedient. Und doch passierte eine Wendung, die so nicht vorauszusehen war. Absalom wurde von seinem Kriegsglück verlassen. Zunächst ließ er sich dazu hinreißen, David mit einem großen Heer persönlich nachzustellen. Ein weiterer Fehler war, in den für Absalom eigentlich überflüssigen Kampf selbst einzugreifen. Als sich in der offenen Feldschlacht die Niederlage abzeichnete und Absalom selbst in Bedrängnis geriet, ergriff er die Flucht, blieb mit seinem Haar in einer großen Eiche hängen und stürzte vom Pferd. Was für ein Bild: «Er blieb zwischen Himmel und Erde in der Luft hängen», ist in der Bibel darüber zu lesen (2. Samuel 18,9; NLB).

Gewiss ist diese Szene auch als Sinnbild zu verstehen. Die Eitelkeit wird für Absalom zum Stolperstein. Wie der Göttersohn Narziss, der gemäß der griechischen Mythologie so von seinem Spiegelbild in einem See fasziniert war, dass er ins Wasser fiel und ertrank. Der große Sieger für wenige Tage wird so schnell zum absoluten Verlierer. Obwohl David die Order herausgegeben hatte, dass sein Sohn im Kampf geschont werden sollte, kannte der königliche Heerführer Joab keine Gnade. Während jener am Baum hing, tötete Joab Absalom. In seinen Augen hatte er das Recht des Königssohns verwirkt, nachdem er seinen Vater vom Thron verdrängt hatte und diesen in einem Bürgerkrieg endgültig besiegen wollte.

David, der über den Sieg gegen die Putschisten hinaus nur wissen wollte, ob es Absalom gut gehe und er noch lebe, fiel über die Nachricht des Todes seines Sohnes in eine tiefe Depression. «Der König wurde von seinen Gefühlen überwältigt. Er stieg hinauf in das Zimmer über dem Tor und weinte … ‹Wäre ich doch nur an deiner Stelle gestorben! Absalom, mein Sohn, mein Sohn!›» (2. Samuel 19,1; NLB).

Die Geschichte hat eine ungeahnte Kehrtwende genommen. Der schnelle Sieger um den Thron Israels verliert alles. Der Verlierer erhält diesen zurück und wird aufgrund des Verlustes seines Sohnes doch nicht zum Sieger. Zu hoch war der Preis. Am Ende gibt es in diesem Drama um Absalom nur Verlierer.

Leonidas und die Dreihundert

Niederlagen sind auch Siege: Kaum eine Niederlage hat die Menschen des klassischen Altertums so beschäftigt wie der hoffnungslose Kampf von 300 Spartanern und wenigen Bundesgenossen gegen eine x-fache[1] Übermacht des persischen Großkönigs Xerxes bei den Thermopylen in Mittelgriechenland im Jahr 480 vor Christus. (Die Thermopylen waren damals ein durchschnittlich fünfzehn Meter breiter und knapp zehn Kilometer langer Streifen Land zwischen dem Kallidromos-Gebirge und dem Golf von Malia, einer Bucht am Ägäischen Meer. Heute ist diese Stelle infolge von Versandung mehrere Kilometer breit.)

Viele Hunderte von Jahren später erinnert noch heute eine überlebensgroße Bronzestatue an der Autobahn von Thessaloniki nach Athen an der Stelle des Kampfes an das damalige Geschehen. Oberstufenschülerinnen und -schüler werden bei Schiller an die Thermopylenkämpfer um Leonidas erinnert: «Wanderer, kommst du nach Sparta, verkündige dorten, du habest uns hier liegen gesehn, wie das Gesetz es befahl.» Was war damals Großes geschehen, das bis heute nachklingt? Der griechische Historiker Herodot (490–425 vor Christus) erinnert in

[1] Wie groß die Übermacht tatsächlich war, lässt sich kaum genau festlegen. Die Zahlen schwanken zwischen 10-fach und 1000-fach.

den letzten seiner neun Bücher zur (griechischen) Geschichte an die Kämpfe der Griechen gegen die eindringenden Perser. Die bekannteste Schlacht fand wohl 480 vor Christus in Marathon statt, wo die anlandenden Perser von den Griechen ins Meer zurückgeworfen worden waren. Der Bote des Sieges der Griechen in diesem Kampf war der legendäre erste Marathonläufer Pheidippides, der die gute Kunde in das rund vierzig Kilometer entfernte Athen zu Fuß laufend überbracht haben und dann tot umgefallen sein soll.

Wenige Monate später wollten die Perser nun unter dem Dareios-Sohn Xerxes die sich sträubenden Griechen endlich bändigen und so das Tor nach Europa weit aufstoßen. Herodot setzt die Zahl des persischen Fußvolkes, das über den Hellespont in Griechenland einfiel, auf alleine rund 1,7 Millionen Soldaten. Dies mag reichlich übertrieben sein, doch scheint eine Zahl im fünf- oder sechsstelligen Bereich durchaus realistisch. Ziel des Landheeres, dem eine Flotte auf dem Meer folgte, war Athen, das nach der Pleite bei Marathon nun endlich zerstört werden sollte. Um die griechische Metropole auf dem Landweg zu erreichen, musste Xerxes seine Bodentruppen entlang der Küste über Nordgriechenland hinunter über Thessalien nach Attika führen, ein Weg von mehreren Tagen oder gar Wochen. Einige Engpässe waren dabei zu überwinden, die schmalste Stelle bildeten zur damaligen Zeit die Thermopylen. Und dort wartete Leonidas mit seinen wenigen Kämpfern.

Heute ist diese Engführung nicht mehr nachzuvollziehen. Mit dem Auto fährt man bequem auf der Schnellstraße, die auf der inzwischen versandeten Stelle gebaut worden ist. Damals verschanzten sich dreihundert Elitekämpfer aus Sparta mit ihrem Feldherrn und Königssohn Leonidas sowie zunächst rund 5000 griechischen Bundesgenossen. Herodot berichtet, dass das aus verschiedenen Städten und Landschaften zusammengewürfelte Heer beriet, «in welchen Gegenden sie den Krieg führen sollten. Die Ansicht, die die Oberhand gewann, ging dahin, den Engpass bei den Thermopylen zu bewachen ... Sie beschlossen also, diesen Durchgang zu bewachen und die Barbaren nicht nach Hellas durchziehen zu lassen.» Die Flotte sollte unweit am Kap Artemission bei der Insel Euböa gestoppt werden.

Leonidas war der «am meisten Bewunderte und der Feldherr des Gesamtheeres». Die dreihundert genannten Elitekämpfer waren die Leibgarde des Königs. Leonidas hatte nur solche Spartaner aus vornehmen Familien mitgenommen, die schon Väter von Söhnen waren, damit im Falle des Todes nicht die ganze Familie ausgelöscht werden sollte. Als der Feind näher kam und das unglaublich große Heer sich an der Küste Mittelgriechenlands entlangschob, wurde es den Verteidigern des Engpasses langsam mulmig zumute. Menschlich verständlich rückte ein Teil der Bundesgenossen ab und machte sich aus dem Staub. «Der eine Teil zog ab und zerstreute sich, wobei jeder in seine Stadt heimkehrte, der andere Teil war entschlossen, mit Leonidas an Ort und Stelle zu bleiben.» Die Pflicht, den Durchgang zu verteidigen – komme, was da wolle –, war für einen Spartaner unumstößlich. Leonidas bedrängte niemanden. Er befahl den Zauderern sogar, in ihre Heimat zurückzukehren, «während es für ihn unehrenhaft sei abzuziehen. Dadurch aber, dass er hier ausharrte, hat er sich bei der Nachwelt großen Ruhm erworben, und Spartas Glück wurde dadurch nicht ausgelöscht.»

Für moderne Menschen mit der furchtbaren Erfahrung zweier grässlicher Weltkriege scheinen derartige Ehrentümeleien fragwürdig bis unverständlich zu sein. Zu viele ähnliche «ehrenhafte Tode für das Vaterland» wurden von Propagandisten und Volksverführern von Stalingrad bis zum totalen Krieg um Berlin ausgerufen. Millionen von Menschen haben gerade in den schlimmen Jahren dieser Kriege ihr Leben für eine nationale Sache gegeben, die aus heutiger Sicht fast dämonische Züge hat.

Der US-amerikanische Kinofilm «300» von Zack Snyder, der 2007 mit dem Drama bei den Thermopylen einer der größten Filmerfolge war, wurde genau aus diesem Grund kritisiert. Grundlage des Streifens war aber weniger Herodots Überlieferung als vielmehr ein gleichnamiger Comicroman von Frank Miller. Historisch ungenau schildert der Film eher einen martialischen Kampf mit übersteigertem Männlichkeitsgehabe zwischen muskulösen Helden und finsteren Barbaren, was den Iran veranlasste, eine Klage wegen Verunglimpfung des persischen Erbes bei den Vereinten Nationen einzureichen.

Zurück aber zum historischen Umfeld: Sparta vor 2500 Jahren war ein Stadtstaat, in dem der Kampf (oder zumindest die Bereitschaft dazu) zur Entwicklung eines vornehmen jungen Mannes gehörte. Spartas Überleben in der damaligen griechischen Poliswelt hing von wenigen tausenden adligen ritterähnlichen Kriegsleuten ab. Dieses Heer vollwertiger Bürger – Nicht-Spartaner, Frauen und Sklaven hatten kein Bürgerrecht – wurde geführt von zwei Königen, später nur noch von einem vom Volk gewählten König. Männliche Jugendliche wurden früh von ihren Familien getrennt, um quasi für einen lebenslangen Wehrdienst ausgebildet zu werden. Nicht ohne Grund galt das zahlenmäßig eher kleine spartanische Heer in offener Feldschlacht aufgrund der disziplinierten Kampfreihen als kaum schlagbar. Vor diesem Hintergrund ist das Handeln von Leonidas und seinen dreihundert Getreuen nicht überraschend. In Extremsituationen konnte Sparta als Elite der Griechen glänzen – unabhängig vom Wohlergehen des Einzelnen. Den Ruhm sollte und wollte allein Sparta ernten.

Xerxes wunderte sich, dass ihm an den Thermopylen eine geringe Streitkraft die Stirn bieten wollte. In seinen Augen war es eine «Frechheit und Torheit», dazubleiben. «Er geriet außer sich vor Wut und schickte gegen sie medische Truppen mit dem Auftrag, sie lebendig gefangen zu nehmen und ihm vor Augen zu führen.» Doch er hatte die Rechnung ohne den

Wirt gemacht. Schnell wurden die anstürmenden Perser «mit schweren Verlusten» zurückgeschlagen. «Die Lakedaimonier [Spartaner] lieferten einen rühmlichen Kampf, wobei sie klar erwiesen, dass sie tapfer zu kämpfen verstanden, während bei ihrem Gegner dies nicht der Fall war.» Die Perser konnten so an dem Engpass «keinen Fußbreit Raum gewinnen und bissen sich an den spartanischen Stellungen fest». Auch die so genannten «Unsterblichen», die Elitetruppe des Xerxes, mussten schwere Verluste hinnehmen. Der Großkönig war der Verzweiflung nahe. «Er sprang dreimal von seinem Sessel auf, weil es ihm um sein Heer bange war», überliefert Herodot nicht ohne Stolz. Mitten in die Ratlosigkeit der Perser hinein wendete sich aber das Kriegsglück. Ein ortskundiger Grieche bot den Eindringlingen aus niederen Beweggründen an, ihnen einen Pfad über das Küstengebirge zu zeigen, damit sie den Verteidigern in den Rücken fallen konnten. «In der Erwartung, vom Großkönig eine reichliche Belohnung zu erhalten, gab er die Widerstand leistenden Hellenen dem Verderben preis.» Obwohl Leonidas durch Kundschafter von dem Verrat und den herannahenden Persern hörte, schickte er zwar weitere Bundesgenossen zurück in den Süden Griechenlands, blieb selbst aber mit den verbliebenen Kämpfern in der Stellung.

So kam es, wie es kommen musste. Die Spartaner wurden niedergemacht. «Leonidas fällt in diesem Ringen als ein Held.» Keiner überlebte. Aber die Verluste der Perser waren enorm. Zwei Söhne des ehemaligen Königs Dareios wie auch zwei Brüder von Xerxes waren gefallen. Der Preis für den Sieg war hoch, für die Perser eigentlich zu hoch. War es denn wirklich letztlich ein Sieg? Die Tage im Ringen an den Thermopylen halfen den Griechen – gemäß dem Urteil vieler Historiker –, sich neu zu formieren und die Flotte vor der siegreichen Schlacht von Salamis zu retten und in Stellung zu bringen. Die Perser zeigten plötzlich Respekt vor den Griechen, und Xerxes' Riesenheer hatte den Nimbus der Unbesiegbarkeit verloren. Tatsächlich wurden die Perser im darauffolgenden Frühjahr in Plataiai zu Land und vor Salamis zur See vernichtend geschlagen und flohen zurück nach Asien.

Die Wiedergeburt des Ritterordens

Niederlagen sind auch Siege: Wenn sich heute auf den Straßen Deutschlands Unfälle mit Verletzten ereignen, sind es in nicht wenigen Fällen Rettungsfahrzeuge der Johanniter-Unfall-Hilfe, die Menschen in Windeseile vor dem Tod retten. Wenn Seniorinnen und Senioren das Essen nach Hause gefahren bekommen, Notrufdienste installiert werden oder eine Betreuung organisiert werden muss, sind es oft haupt- oder nebenamtliche Helferinnen und Helfer mit dem Abzeichen des weißen achtspitzigen Sterns auf rotem Grund der Johanniter oder Malteser, die in die Häuser kommen. Wenn in irgendwelchen Notstandsgebieten der Welt medizinische oder humanitäre Hilfe geleistet wird, sind es ebenfalls die Johanniter-Unfall-Hilfe oder der Malteser-Hilfsdienst, die mit zu den ersten Rettern gehören.

Diese heutigen Organisationen sind den Menschen wohlbekannt und gehören zu den größten karitativen Werken weit über die deutschsprachigen Länder hinaus. Weniger bekannt ist die fast tausendjährige Geschichte des Ritterordens, der bis heute Träger von Hilfeleistungen vielfältigster Art ist. Johanniter und Malteser haben die gleichen christlichen Wurzeln und sind der evangelische bzw. katholische Zweig einer für die Geschichte Europas wichtigen Bruderschaft, die durch eine schwere Niederlage im 18. Jahrhundert auf Malta eigentlich vor der Auflösung stand.

Begonnen hatte alles in Jerusalem um das Jahr 1099, als ein gewisser Bruder Gerhard in der Nähe der Grabeskirche und der heutigen evangelischen Erlöserkirche ein Hospital zu Ehren Johannes des Täufers gegründet hatte. Gemäß dem noch heute geltenden Grundsatz, dass «die Arbeit der Johanniter darauf abzielt, Menschen in Not unabhängig von ihrer Herkunft, Religion und politischen Zugehörigkeit beizustehen und ihr Bemühen, sich selbst zu helfen, zu unterstützen», halfen Gerhard und andere Fratres christlichen, jüdischen wie muslimischen Notleidenden. Die Brüder mussten das Gelübde der Armut, der Keuschheit und des Gehorsams ablegen sowie das Versprechen abgeben, Kranke zu pflegen und den christlichen Glauben zu schützen. Ende des 12. Jahrhunderts begannen die Fratres aufgrund der unsicher gewordenen Pilgerwege und zum Schutz der Hospize Waffen zu tragen. Aus einem reinen Mönchsorden wurde ein Ritterorden, der sich aber im Unterschied zu anderen Ritterorden wie zum Beispiel den Templern noch immer in erster Linie im Dienst der «Herren Kranken» sah. Nach dem Fall Jerusalems 1187 zogen sich die Johanniter nach Akko und auf die noch heute gewaltig erscheinenden Burgen Krak des Chevaliers und Margat in Syrien zurück. Weitere hundert Jahre später, die neben dem Burgenbau vor allem auch für den Unterhalt von Krankenhäusern genutzt wurden, mussten die Johanniterritter vor den Truppen Saladins definitiv aus dem Heiligen Land weichen. Nach kürzeren und längeren Aufenthalten auf den Inseln Zypern und Rhodos wurde dem Orden durch Kaiser Karl V. Malta und seine kleinen Anhängsel Gozo und Comino als Lehen gegeben. Auf diesem Mittelmeerfelsen erfuhr der Orden Glanz und Niedergang gleichermaßen. Auf der einen Seite erlebte die Insel eine bisher nie gekannte Bautätigkeit. Neben der Schaffung eines gigantischen Bollwerks zur Verteidigung wurden zahlreiche Kirchen, Paläste und das bis dahin modernste Hospital in Europa mit einer Trennung nach Art der Krankheit und Ansteckungsgefahr gebaut. 1565 wurde die Insel mit 650 Rittern und weiteren Hilfstruppen gegen eine türkische Flotte, bestehend aus rund 20 000 Soldaten und Seemännern, erfolgreich verteidigt und damit eine Landung der Osmanen auf Sizilien und dem italienischen Festland verhindert. Malta hatte als Schild Europas standgehalten und einen anderen Gang der Weltgeschichte verhindert.

Der Ruhm war nicht von Dauer. Im 18. Jahrhundert veränderte sich mit dem Aufstieg neuer Großmächte wie Russland und dem britischen Empire die Welt rund um Malta. Die Ritter unter dem achtspitzigen Kreuz, die die acht Seligpreisungen Jesu verbildlichen sollen, kamen in finanzielle Schwierigkeiten. Zunehmend wurde ein Leben in Prunk und äußerlicher Pracht geführt und wurden die christlichen Ideale eher zurückgestellt. Der überalterte und zahlenmäßig sehr dezimierte Orden war für den aufstrebenden Napoleon Bonaparte 1798 auf dem Weg zu seinem Ägyptenfeldzug eine leichte Beute. Fast kampflos überließen die Johanniter den Franzosen das Feld. Wie Ratten das sinkende Schiff, so mussten die letzten Ritter Malta verlassen, das 1814 nach dem Pariser Frieden fast eineinhalb Jahrhunderte britische Kronkolonie wurde. Ein schmähliches Ende eines stolzen Ordens mit einer ehrenhaften Geschichte. «Das ruhmreiche, über fast siebenhundert Jahre dauernde Kapitel der Existenz des Ordens schien endgültig abgeschlossen», urteilt der jüdische Historiker Yehuda Karmon über die scheinbar endgültige Niederlage der Johanniter.

Aber es war gerade die endgültige Aufgabe der weltlichen Wehrhaftigkeit und Macht, die den ursprünglichen Auftrag wiederbelebte, den Bruder Gerhard in Jerusalem einst so formulierte hatte: «Unsere Bruderschaft wird unvergänglich sein, weil der Boden, auf dem diese Pflanze wurzelt, das Elend der Welt ist und weil, so Gott will, es immer Menschen geben wird, die daran arbeiten wollen, dieses Leid geringer, dieses Elend erträglicher zu machen.»

Tatsächlich wurde die ursprüngliche Aufgabe des Ordens, das Hospitalwesen, wiederentdeckt und in die Mitte der Neugründung gestellt. Der Orden organisierte sich in Europa neu. So genannte Balleien (heute: Balleyen) wurden in Deutschland wiedergegründet oder neu gegründet. Die konfessionelle Spaltung Europas machte aber auch vor den jetzt evangelischen Johannitern einerseits und den katholischen Maltesern nicht halt. Fortan engagierten sich die Werke in getrennten Organisationen, obwohl sie natürlich ihre gemeinsamen Wurzeln pflegen und punktuell zusammenarbeiten.

Wäre den Rittern von Napoleon nicht die weltliche Macht genommen worden, hätte die Geschichte des Ordens einen anderen Verlauf genommen. Wie die Templer wären auch die Johanniter sicherlich nur ein Relikt der Geschichte. Das damalige Debakel und die schmähliche Flucht von Malta waren aber die Voraussetzungen für die Entstehung der heute nicht mehr wegzudenkenden karitativen Arbeit. Johanniter wie Malteser sind heute fast Konzernen ähnlich, die viele Menschen beschäftigen und noch mehr bedürftigen Menschen in fast allen Lebensphasen vorbildlich helfen.

Verluste sind schmerzhaft, können aber auch die Sicht freimachen für das wirklich Wichtige. Dies spiegelt die Geschichte der Neugeburt des Johanniter-Malteser-Ordens in besonderer Form wider.

Das Joch des Jeremia

Niederlagen sind auch Siege: Der Prophet Jeremia war wie der Spartanerkönig Leonidas und der Molosserkönig Pyrrhus ein Kind des ersten vorchristlichen Jahrtausends. Rund 180 Jahre vor den Geschehnissen an den Thermopylen war Jeremia um 650 vor Christus als Sohn einer Priesterfamilie in Anadot bei Jerusalem geboren worden. Auch er lebte in unruhigen Zeiten des Umbruchs. Das verbliebene israelitische Reich Juda war außenpolitisch von den Babyloniern abhängig und wurde von ihnen bedroht. Die Gesellschaft im Innern ist von einem religiösen Wertezerfall gekennzeichnet. Ein Teil der Oberschicht des Volkes war nach der Eroberung des Südreiches nach Babylon ins Exil geführt worden. Wertvolle Tempelschätze hatten die verhassten Feinde mitgehen lassen. Im verbliebenen Reich wurde der Vasallenkönig Zedekia eingesetzt. Die verbliebenen Israeliten liebäugelten deshalb mit dem vermeintlich starken Ägypten als Bündnispartner, um die Babylonier und deren König Nebukadnezar in die Schranken weisen zu können.

Das Kind Jeremia erlebte schon früh Visionen und eine Berufung zur Prophetenschaft in jungen Jahren. «Ich kann nicht reden, ich bin noch zu jung», versuchte der Knabe Jeremia den Auftrag Gottes noch abzuwehren. «Vor den Menschen brauchst du keine Angst haben», wird er von Gott beruhigt und mit einem Mandelbaumzweig konfrontiert, einem Zeichen der Wachsamkeit und Verlässlichkeit Gottes.

Jeremias Auftrag ist hart und lastet schwer auf dem Propheten. Er tritt als Mahner der Regierenden wie des Volkes auf, wird zu einem Bußprediger und macht sich mit seinen Gerichtsreden natürlich extrem unbeliebt. Neben der Hinwendung zu dem einzigen Gott Israels weist er den Weg der Unterwerfung unter die Herrschaft der Babylonier als einzigen Weg des Überlebens des kleinen jüdischen Reiches. Dies passt weder Königen noch Volk. Man will das lästige Joch der Babylonier mittels der Ägypter abschütteln. Jeremia wird Ziel von Mordanschlägen, wird mundtot gemacht, das Gefängnis ist ihm von innen nicht unbekannt.

Aufgrund des totalen Misserfolgs hadert der Prophet mit sich und mit Gott. «O Herr, du hast mich überredet, und ich habe mich überreden lassen ... Für alle Welt bin ich zur Zielscheibe des Spottes geworden – tagaus, tagein ... Manchmal will ich aufgeben und sage mir: ‹Ich will meinen Auftrag vergessen›» (Jeremia 20,7ff.; NLB). Doch er erhält Trost und rappelt sich auf. «Dann aber brennt es in mir wie ein rasendes Feuer ... Aber der Herr steht mir zur Seite. Er ist ein starker Held. Darum müssen meine Feinde stolpern und können mich nicht besiegen» (Jeremia 20,9ff.; NLB).

Objektiv gesehen sieht es jedoch anders aus. Jeremias Botschaft will niemand hören. Im Gegenteil. Sein Wort wird auch von anderen Propheten in Zweifel gezogen und als falsch dargestellt. Nicht von einem radikalisierten Pöbel oder einem um seine Macht fürchtenden Herrscher, sondern quasi mitten aus seinem Berufsstand heraus: von einem anderen Propheten. Sein theologischer Gegner war der Prophet Hananja. Im Gegensatz zu Jeremia, der als Lohn für eine Auflehnung gegenüber dem babylonischen Weltreich den Untergang Jerusalems predigt, hat Hananja wohlklingende Kunde für das jüdische Volk. Er spricht vom Ende der babylonischen Fremdherrschaft binnen zwei Jahren, von der Rückkehr der Gefangenen und der entführten heiligen Geräte des Tempels.

Diametral gegenüber stand Jeremias pessimistisch-warnende Botschaft vor Babylon und den eigenen Grenzen. Klar, dass Hananja einen leichten Sieg im Theologengezänk einfuhr. Man hatte die Fremdherrschaft satt. Endlich sollte mit Hilfe der Ägypter und anderer Bundesgenossen eine Gegenoffensive gestartet werden! Das Säbelrasseln schien das ganze Land erfasst und fasziniert zu haben. Wer will schon eine Drohbotschaft von den eigenen Grenzen und Möglichkeiten hören? Wohlklingende Worte und eine in blühenden Farben gemalte Zukunft sind beliebter als harsche Gerichtsworte. Es standen sich aber nicht nur Worte gegen Worte, sondern auch der jeweilige Anspruch gegenüber, Gottes Willen zu repräsentieren. Wer würde aus dieser Auseinandersetzung letztlich den Sieg davontragen?

Die Entscheidung erfolgt in einer Art Showdown der Propheten im Jerusalemer Tempel vor den Augen von Volk und Priestern. Jeremia hatte zuvor seine Botschaft der Akzeptanz der Herrschaft Nebukadnezars auch symbolisch untermauert. Im 27. Kapitel des Jeremiabuches wird berichtet, dass Gott den Propheten aufforderte, zum Zeichen der Unterwerfung selbst ein Joch anzulegen. «Mach dir aus Stricken und Stäben ein Joch und befestige es auf deinem Nacken» (Jeremia 27,2; NLB). So ausgerüstet, ist seine Botschaft nicht mehr zu verkennen: «Das Volk aber und das Reich, das sich nicht dem babylonischen König Nebukadnezar unterwirft und sich nicht unter sein Joch beugen will, spricht der Herr, ein solches Volk werde ich mit Krieg, Hungersnot und der Pest bestrafen, bis ich es durch die Hand Nebukadnezars vollständig vernichtet habe» (Jeremia 27,8; NLB). Auf diese Weise macht sich Jeremia endgültig zum Gespött der Leute. Die direkte Konfrontation mit dem Schönwetterpropheten Hananja im Tempel wurde für Jeremia ein Akt der Demütigung. Nicht nur, dass Hananja die Botschaft Jeremias lächerlich machte. Nein, Hananja wurde auch handgreiflich. Um zu zeigen, dass Jeremias Worte Unsinn sind und keine Unterstützung von Gottes Hand haben, riss er die Jochstangen von Jeremias Nacken und zerbrach sie (Jeremia 28,10). Der offenbar unseligen und Angst einflößenden Maskerade Jeremias ein Ende setzend, wandte sich Hananja (lächelnd) an das Volk: «So spricht der Herr: ‹Genauso, noch bevor zwei Jahre vergangen sein werden, will ich das Joch des babylonischen Königs zerbrechen und von dem Nacken aller Völker wegnehmen›» (Jeremia 28,11; NLB).

Die unmittelbare Reaktion Jeremias ist nicht überliefert. Sicherlich stand er zunächst da wie ein begossener Pudel. Der strahlende Hananja hatte in der direkten Konfrontation einen klaren Sieg eingefahren. Für den Beobachter der Szenerie war Jeremia nicht nur unterlegen, sondern scheinbar endgültig ad absurdum geführt.

Doch die Rollenverteilung von Sieg und Niederlage war selbst in dieser Extremsituation nur von kurzer Dauer. Der geschlagene Jeremia erhält von Gott den Auftrag, Hananja dessen Sicht der Dinge zu sagen: «Höre, Hananja, der Herr hat dich nicht gesandt, aber du hast dafür gesorgt, dass das Volk einer Lüge vertraut. Deshalb sagt dir der Herr: ‹Weil du das getan hast, will ich dich vom Erdboden beseitigen. Dieses Jahr noch wirst du sterben, weil du die Menschen zum Ungehorsam gegen den Herrn herausgefordert hast›» (Jeremia 28,15–16; NLB).

Den K.-o.-Sieger von eben ereilt dieses Schicksal schon zwei Monate später. Jeremia 28 berichtet leidenschaftslos vom Ableben Hananjas. Jeremia war standhaft geblieben, verkündete weiterhin seine Botschaft und sollte Recht behalten. Zedekia vertraute dem Mann Gottes nicht, sondern hörte auf andere, wohlklingende Einflüsterer, die ihn geradewegs in die Katastrophe führten. Er wagte die Machtprobe mit Babylon und verlor. Jerusalem einschließlich des Tempels wurde niedergebrannt, der König gedemütigt und getötet, die verbliebene jüdische Bevölkerung ins Exil deportiert.

Das Buch Jeremia ist in vielerlei Hinsicht eine zentrale Schrift des Alten Testaments. Reizvoll erscheint der Zusammenprall der Propheten und das Ringen um den richtigen Weg, das uns auch heute in vielen Situationen – seien es private oder auch öffentlich-politische – nicht unbekannt ist. Die Frage war damals und ist heute: Welcher Stimme im allgemeinen Sprachengewirr sollte man folgen? Welche Entscheidungskriterien gibt es? Wer ist mir ein guter Ratgeber?

Doch lehrt das Buch Jeremia gerade auch im Hinblick auf das Thema *Siegen und Verlieren*, wie kurzlebig augenblickliche Erfolge sein können. So gesehen, kann auch ein komplettes Debakel ein Neuanfang für eine hoffnungsvollere Zukunft sein. Natürlich hatten diese Sicht die deportierten Juden nicht. Auch hätte sich Jeremia selbst sicherlich ein leichteres Leben vorstellen können. «Ich bin ein Mensch, der das ganze Elend, das der Zorn des Herrn bringt, ansehen musste. Er trieb mich in die Finsternis und ließ mich ohne Licht gehen ... Auch wenn ich schreie und um Hilfe rufe, verschließt er seine Ohren vor meinem Gebet. Er hat mir den Weg mit Steinquadern vermauert, hat meine Pfade unpassierbar gemacht ... Er ließ mich vom Weg abkommen, hat mich zerrissen und einsam liegen lassen ... Die Pfeile aus seinem Köcher schoss er tief in mein Herz. Mein eigenes Volk macht sich über mich lustig. Den ganzen Tag lang singen sie Spottlieder. Er hat mich mit Bitterkeit erfüllt ... In den Staub hat er mich gedrückt. Meine Seele hat er vom Frieden verstoßen, was Glück ist, habe ich vergessen» (Klagelieder Jeremias 3,1–17; NLB).

In Situationen eigener Hilflosigkeit und Niedergeschlagenheit, gerade in einer Situation des Misserfolgs, bieten sich die Klagelieder an, sie zum eigenen Gebet zu machen. Denn hoffnungsfrohes Licht scheint auch in tiefster Finsternis. Wenige Zeilen später betet Jeremia: «Die Gnade des Herrn nimmt kein Ende! Sein Erbarmen hört nie auf, jeden Morgen ist es neu. Groß ist seine Treue ... Der Herr ist gut zu denen, die auf ihn warten und ihn suchen. Deshalb ist es gut, still zu werden und auf die Befreiung durch den Herrn zu warten» (Klagelieder Jeremias 3,22ff.; NLB).

Petrus' bitterste Stunde

Niederlagen sind auch Siege: Die wechselhafte Geschichte von Petrus, der uns als eine der bekanntesten Persönlichkeiten der Bibel präsent ist, beweist gerade dies. Petrus ist einerseits ein Vorbild an Mut und Glauben. Der Überlieferung nach soll er in Rom im Zuge der Christenverfolgungen Kaiser Neros den Märtyrertod erlitten haben. Über seinem Grab nahe den vatikanischen Gärten neben dem ehemaligen neronischen Zirkus steht heute der Petersdom, die größte und vielleicht bedeutendste Kirche der Christenheit. Andererseits hat Petrus seinen Herrn Jesus Christus in dessen schwierigster Stunde schmählich im Stich gelassen und sogar vor lauter Angst geleugnet, ihn zu kennen.

Petrus, «Fischer, Fels und Funktionär», wie ihn Christfried Böttrich in einem neueren Buch treffend beschrieb. «Wo Petrus auftaucht, da spielt er im buchstäblichen Sinne des Wortes eine Schlüsselrolle», so der Greifswalder Theologe. An der Geschichte des Petrus kann vielleicht am deutlichsten festgemacht werden, dass auch biblische Schlüsselfiguren und Heldengestalten dunkle Stunden durchlebt haben und damit ganz menschlich erscheinen. Tröstlich ist zudem, dass die biblischen Schriften diese peinlichen Passagen im Leben dieser Menschen nicht beschönigt oder von vornherein zensiert haben.

Die entscheidende Szene in diesem Zusammenhang ist das Verhalten des Petrus während der schlimmen Passionsstunden

Jesu. Petrus befand sich mit Johannes und Jakobus in der Begleitung von Jesus am Gründonnerstagabend nach dem Verrat durch Judas im Garten Gethsemane. «Ich zerbreche beinahe unter der Last, die ich zu tragen habe. Bleibt bei mir, und wacht mit mir!» (Matthäus 26,38; HFA). Während Jesus noch um seinen Auftrag kämpfte und sich entschloss, den bitteren Kelch zu trinken, waren Petrus und die beiden anderen Jünger vom Schlaf übermannt worden. Jesus scheint enttäuscht zu sein und spricht unmittelbar Petrus als Repräsentanten der Jünger an: «Simon, schläfst du? Kannst du denn nicht eine einzige Stunde mit mir wachen?» (Markus 14,37; HFA). Jesus ermahnt ihn, nicht wieder einzuschlafen. Doch gerade das passierte wenige Minuten später. Simon Petrus erwies sich als wenig verlässlicher Gefährte in der Stunde der Not. War es nicht gerade er, der seinem Herrn Treue bis in den Tod geschworen hatte? «Wenn dich auch alle anderen verlassen – ich halte zu dir!» (Matthäus 26,33; HFA). Als Jesus ihm seine bevorstehende Verleugnung ankündigt, erwiderte Petrus entrüstet: «Selbst wenn ich mit dir sterben müsste, würde ich das nicht tun!» (Matthäus 26,35; HFA). Dass Petrus es durchaus ernst damit meinte, bewies er wenig später bei der Verhaftung von Jesus. Ritterlich zog er in der bedrohlichen Situation sein Schwert und wollte für seinen Meister kämpfen. «Simon Petrus hatte ein Schwert dabei. Plötzlich zog er es und schlug damit Malchus, einem Diener des Hohenpriesters, das rechte Ohr ab» (Johannes 18,10; HFA). Jesus nutzte die Situation aber nicht zur Flucht oder zum Gegenschlag, sondern befahl Petrus, den Kampf einzustellen, und fügte sich den Häschern.

Petrus schien tatsächlich zu allem bereit zu sein. Eigentlich ist es verwunderlich, dass nur Jesus und nicht zumindest auch Petrus als derjenige, der Widerstand gegen die Staatsgewalt geleistet hatte, verhaftet wurde. In diesen Augenblicken umgab ihn die Aura des Helden, der dem Schicksal vielleicht eine Wendung geben könnte. Und doch sollte seine bitterste Niederlage wenige Stunden später folgen.

Wem ist Gleiches nicht auch schon passiert? Vielleicht nicht in einer solchen dramatischen Szenerie. Doch ist es leider allzu menschlich, Treueschwüre oder zumindest Versprechen später nicht einlösen zu können oder sogar zu wollen. Petrus passiert dies gleich in einer dreifachen Steigerung. Im Hof des Hohenpriesters in der Innenstadt Jerusalems, in den er Jesus nach dessen Verhaftung heimlich gefolgt war, wird er auf seine Identität angesprochen. Die Menschen hatten ihn erkannt. «Der da gehört auch zu diesem Jesus von Nazareth!» (Matthäus 26,71; HFA). Eigentlich wäre nach dem Auftreten im Kidrontal zu erwarten gewesen, dass Petrus erneut sein Schwert zieht, sich zu seinem Herrn bekennt und die heimtückische Verhaftung anprangert. Zumindest hätte er die Verleumder einfach mit Nichtbeachtung strafen können. Aber nichts dergleichen. Petrus kneift. Er stiehlt sich aus der Affäre. Er schmeißt alle guten Vorsätze über Bord. Petrus ist wohl so von Angst überwältigt, dass er Jesus dreimal verleugnet. «Ich schwöre euch: Ich kenne diesen Menschen nicht! Gott soll mich verfluchen, wenn ich lüge!» (Matthäus 26,74; HFA). Als der Hahn schließlich dreimal kräht, bricht Petrus zusammen. «Da ging Petrus hinaus und weinte voller Verzweiflung» (Matthäus 26,75; HFA). Die bitterste Stunde im Leben des vermeintlich unüberwindbaren Felsens.

Stunden der Niederlagen sind Stunden der Nähe Gottes. Dies zeigt die Geschichte des Petrus vielleicht am deutlichsten. So sehr Petrus seinen Herrn enttäuscht hatte, so wenig ließ dieser ihn hängen. Gerade ihn, den Versager in persönlichster Hinsicht, beauftragt Jesus einige Tage später am See Genezareth mit dem Hirtenamt der ersten Christen.

Zu den schönsten Geschichten der Bibel gehört die Begegnung des auferstandenen Jesus mit Simon Petrus am frühen Morgen. Bis heute wird dieser Ort mit der so genannten Primatskapelle nahe der Brotvermehrungskirche in Tabgha am See Genezareth identifiziert. Tatsächlich strahlt dieser Flecken Erde auch auf den modernen Besucher eine besondere Ruhe aus. Die Szene ist nahe den antiken Treppen, die heute etwas oberhalb des seit der Antike abgesunkenen Wasserspiegels liegen, gut vorstellbar.

«Nach dem Essen fragte Jesus Simon Petrus: ‹Simon, Sohn des Johannes, liebst du mich mehr als die anderen hier?› ‹Ja, Herr›, antwortete ihm Petrus, ‹du weißt, dass ich dich lieb habe.› ‹Dann hüte meine Lämmer›, sagte Jesus. Jesus wiederholte seine Frage: ‹Simon, Sohn des Johannes, liebst du mich?› ‹Ja, Herr, du weißt doch, dass ich dich liebe›, antwortete Petrus noch einmal. Erneut sagte Jesus: ‹Dann hüte meine Schafe!› Und zum dritten Mal fragte Jesus: ‹Simon, Sohn des Johannes, hast du mich wirklich lieb?› Jetzt wurde Petrus traurig, weil Jesus ihm nun zum dritten Mal diese Frage stellte. Deshalb antwortete er: ‹Herr, du weißt alles. Du weißt doch auch, wie sehr ich dich liebe!› Darauf sagte Jesus: ‹Dann hüte meine Schafe! Ich sage dir die Wahrheit: Als du jung warst, hast du dir selbst den Gürtel umgebunden und bist gegangen, wohin du wolltest. Im Alter aber wirst du deine Hände ausstrecken; ein anderer wird dir den Gürtel darumbinden und dich dorthin führen, wo du nicht hingehen willst.› Damit deutete Jesus an, durch welchen Tod Petrus einmal Gott ehren würde. Dann forderte Jesus ihn auf: ‹Folge mir nach›» (Johannes 21,15–19; HFA).

Ausgerechnet Petrus wird mit der Sorge um die sich formierende frühe Gemeinde beauftragt. Weder andere Jünger wie Johannes oder Jakobus, die sich *nicht* öffentlich von Jesus abgekehrt hatten, noch einer aus dem weiteren Kreis der Anhängerschaft wie Joseph von Arimathäa oder Nikodemus, die beide sicherlich über mehr Einfluss verfügt hätten. Nein, Petrus wurde ausgewählt.

Die Hintergründe dieser Wahl sollen an dieser Stelle nicht

weiter beleuchtet werden. Für den Zusammenhang mit der Themenstellung des Buches ist wichtig zu betonen, dass einem Menschen trotz tragischstem Versagen ein Weg eröffnet wurde, der für den weiteren Verlauf der gesamten Menschheitsgeschichte von größter Bedeutung war. Die bittere persönliche Niederlage scheint sogar Voraussetzung für eine Läuterung des Petrus gewesen zu sein, damit dieser den Siegeszug des Christentums einläuten konnte.

Sophie Scholl: Es war nicht vergebens

Niederlagen sind auch (späte) Siege: Die Geschichte des innerdeutschen Widerstands gegen die Diktatur und das Schreckensregime der Nationalsozialisten im so genannten Dritten Reich gehört zu den vorbildlichsten und bemerkenswertesten der deutschen Geschichte überhaupt. Das hohe Ethos und den großen Mut dieser viel zu wenigen Menschen möchte ich bewusst an den Anfang von Beispielen aus der Neuzeit stellen. Denn deren Geschichte ist eigentlich eine Geschichte des Scheiterns – bedauerlicherweise. Keine der Widerstandsgruppen, Organisationen oder auch Einzelpersonen hat es letztlich geschafft, den Tyrannen und Mörder Adolf Hitler zu stürzen oder zumindest in seinem Wirkungsgrad zu beschneiden. Keiner der Aktionen der Bekennenden Kirche, der Roten Kapelle, des Kreisauer Kreises, all der Männer des 20. Juli 1944 oder auch einzelner Menschen wie Georg Elser, Dietrich Bonhoeffer oder Bischof von Galen war ein dauerhafter Erfolg beschieden. Am Ende stand die völlige Zerstörung des Deutschen Reiches, der Tod von Millionen Menschen und der Untergang der Lebenswelt für so viele Menschen, vor allem der Juden in ganz Europa.

Die «Weiße Rose» war der Name einer Münchner Widerstandsgruppe, die in den Jahren 1942 und 1943 Flugblätter gegen das NS-Regime druckte und unter Lebensgefahr an öffentlichen Orten verteilte und verschickte. Mitglieder

der Weißen Rose waren vor allem die beiden Geschwister Hans und Sophie Scholl, deren Kommilitonen Christoph Probst, Willi Graf und Alexander Schmorell sowie der Universitätsprofessor Kurt Huber. Der Widerstand dieser Gruppe und ihrer Unterstützer war überwiegend christlich motiviert und wurde durch das Erleben der Reichskristallnacht, der Deportation der Juden und eigener Erfahrungen von Gewalt, Mord und Zerstörung im besetzten Polen verstärkt. Insgesamt wurden während dieser Zeit sechs Flugblattaktionen durchgeführt. Unterschrieben wurden die anonym verfassten Texte mit der Bezeichnung «Weiße Rose». Schon bei den antiken Römern galt die weiße Rose als Symbol der Verschwiegenheit. Ziel der Aktionen war zum einen zu zeigen, dass es in Deutschland auch Menschen gab, die anders dachten als das regierende Unrechtsregime. Zum anderen wollten die Flugblätter an das Freiheitsgefühl der Menschen appellieren, die Texte sollten aufklären über begangenes Unrecht und aufrufen zu einem Sturm der Entrüstung, um die braunen Diktatoren und deren Unterstützer hinwegzufegen. In den Flugblättern war zu lesen, dass jeder Einzelne seine Verantwortung als Mitglied der christlichen und abendländischen Kultur wahrnehmen und sich wehren solle wider die Geißel der Menschheit (Hitler) und den Faschismus. Es sei aufgrund der bestialischen Verbrechen der Nazis in Polen höchste Zeit, die «braune Horde auszurotten». Denn der heutige Staat sei eine Diktatur des Bösen, gegen den man auch mit Sabotage vorgehen müsse. Jedes Wort, das aus Hitlers Mund komme, sei eine Lüge. Wenn er Frieden sagt, meine er den Krieg. Wenn er «in frevelhafter Weise den Namen des Allmächtigen nennt, meint er die Macht des Bösen, den gefallenen Engel, den Satan.» Die Deutschen sollen den Mantel der Gleichgültigkeit zerreißen. Es gelte der Kampf um die Zukunft, um die Freiheit und die Ehre in einem seiner sittlichen Verantwortung bewussten Staatswesen.

Dass dies den braunen Agitatoren nicht gefallen hat, ist klar. Fieberhaft suchte die Gestapo nach den Urhebern der Flugblätter. Nach der verlorenen Schlacht von Stalingrad hofften die Geschwister Scholl und ihre Verbündeten, dass der Zeitpunkt des Durchbruchs gekommen war. Das letzte Flugblatt richtete sich an die deutsche Jugend, die dazu aufgerufen wurde, die Peiniger zu zerschmettern und ein neues geistiges Europa aufzurichten. Doch der erhoffte Flächenbrand gegen Hitler blieb aus. Die Geschwister Scholl wurden vom Hausmeister der Münchner Universität beim Auslegen von Flugblättern entdeckt und an die Gestapo verraten. Der Schlag gegen die Diktatur endete mit der tragischen Hinrichtung der Geschwister Scholl und ihrer Unterstützer. Die Nationalsozialisten triumphierten, der Widerstand war auch im Fall der Weißen Rose gescheitert. War er das wirklich?

Zwar konnte das unmittelbare Ziel nicht erreicht werden, doch haben Menschen wie Sophie Scholl ein Hoffnungszeichen in einer Zeit der Dunkelheit gesetzt, das einen Weg in die Zukunft weisen konnte. Das demokratische Deutschland hat später in ihnen seine Vorbilder gefunden, die mithalfen, einen Neuanfang schaffen zu können.

Schon in den Monaten nach dem Ende der Weißen Rose begann der Siegeszug. Englische Flugzeuge warfen in den späteren Kriegsjahren Kopien der ins Ausland gelangten Flugblätter über deutschen Städten ab. Ein Überlebender von Auschwitz sagte, dass man sich um den Hals gefallen sei, als die Inhalte der Blätter bekannt wurden. «Es gibt in Deutschland doch noch Menschen!» Nach dem Krieg erhielten die Mitglieder der Weißen Rose die ihnen gebührenden Ehren verliehen. Bücher wurden geschrieben, Theaterstücke verfasst und Filme gedreht. Auf diese Weise wird der unbeschreibliche Mut zur Verantwortung vor Gott und den Menschen von einigen wenigen Studenten niemals vergessen werden. Sophie Scholl berichtete in der Nacht vor ihrer Hinrichtung davon, dass sie Wegbereiter für eine bessere Zukunft seien, diese aber selbst nicht mehr erleben würden. Sie hat den späten Sieg geahnt. «Das wird Wellen schlagen», war einer der letzten Sätze von ihr, die sie gegenüber ihrer Mutter kurz vor dem Tod äußerte.

Der Gefängnispfarrer Dr. Alt erinnerte während der Beerdigung von Sophie und Hans Scholl am 24. Februar 1943 in Stadelheim an einen Vers aus dem Johannes-Evangelium: «Niemand hat größere Liebe als die, dass er sein Leben lässt für seine Freunde» (Johannes 15,13; LUT).

Mit einem Auge um die Welt

Niederlagen sind auch Siege: In unserer klein gewordenen Welt der schnellen Verbindungen ist es kaum zu glauben, dass es erst vor 75 Jahren einem Menschen gelungen sein soll, die Welt innerhalb von acht Tagen mit einem Flugzeug im Alleinflug zu umrunden. Am 22. Juli 1933 landete der US-Amerikaner Wiley Post nach einem abenteuerlichen Flug rund um den Globus auf dem New Yorker Flughafen Floyd Bennet. Mit einem Schlag war Post vielleicht nach Charles Lindbergh der berühmteste Pilot seiner Zeit. Viele tausende Menschen empfingen ihn mit großem Jubel. Er war Titelheld der Gazetten, sein Konterfei war begehrt in der Werbung. Ein persönlicher Triumph über Maschine und Mensch gleichermaßen, der so überhaupt nicht zu erwarten gewesen war.

Wiley Posts Voraussetzungen für eine Karriere als Pilot waren nicht die besten. Post wurde als Farmerssohn im US-Bundesstaat Texas geboren, brach früh die Schule ab. Mit 23 Jahren saß er wegen Autodiebstahls ein Jahr im Gefängnis. Als Gelegenheitsarbeiter auf einem texanischen Ölfeld erfuhr Post das absolute Tief: Ein Arbeitsunfall kostete ihn das linke Auge. Posts weiteres Leben schien eher auf eine Tragödie hinzudeuten. Mit seinem Traum, später Pilot zu werden, hatte er endgültig Schiffbruch erlitten. Eine persönliche Niederlage, die er – zumindest was den Arbeitsunfall anbelangte – nicht selbst zu verantworten hatte.

Niederlagen oder zerplatzte Träume im Leben aufgrund von Krankheiten oder Unfällen werden von den Betroffenen als besondere Tragödien empfunden. Die Frage des augenscheinlich nicht selbst verschuldeten Scheiterns kann Menschen in tiefe Depressionen bis hin zu Suizidgedanken stürzen. Vordergründige Trostreden helfen wenig oder sind deplaziert.

Es kann an dieser Stelle deshalb auch nicht um eine billige Vertröstung gemäß dem Motto «Augen zu und durch» gehen. Dennoch kann Wiley Post auch für Menschen in einer solchen Situation ein Vorbild sein oder werden. Wiley Post schmiss nicht hin, sondern behielt den großen Traum vom Fliegen in dem verbliebenen Auge. Trotz der objektiv hoffnungslosen Voraussetzung des Verlustes weiter Teile seiner Sehkraft machte er das Beste aus seiner Situation.

Allerdings half ihm die gütige Fügung einer Entschädigungszahlung von 1800 US-Dollar, die er zielgerichtet in den Kauf eines ersten Flugzeuges investierte. War es Glück im Unglück? Menschen in ähnlichen Lagen drohen unterzugehen, weil sie in ihrer neuen, verschlimmerten Situation nichts Positives mehr sehen können. Selbst das unverhofft erhaltene Geld hätten viele für unnütze Dinge verschleudert.

Das Verhalten des sehbehinderten Wiley Post dagegen kann einen Hoffnungsweg aufzeigen. Er ergriff den Strohhalm des ihm plötzlich zur Verfügung stehenden Geldes und erfüllte sich wider alle vermeintliche Vernunft seinen Lebenstraum. Sicherlich haben damals viele Zeitgenossen den Kopf geschüttelt. Hätte er das Geld nicht sinnvoller anlegen können? Er würde doch nie selbst mit dieser Maschine fliegen können, so dürfte die Meinung von Menschen in seinem Umfeld in jenen Tagen gewesen sein.

Doch Post blieb konsequent. Monatelang trainierte er, nur mit einem Auge Entfernungen und Höhen einzuschätzen. Und tatsächlich war Post etwa fünf Jahre später der Privatpilot eines Ölmoguls in Oklahoma. Schritt für Schritt wurde er zum amerikanischen Flughelden seiner Zeit. Zunächst flog er mit dem australischen Navigator Harold Gatty 1931 in neuer Rekordzeit von acht Tagen und knapp sechzehn Stunden um die Welt. Zwei Jahre später startete Post zu seinem zweiten Weltrekord. Ausgestattet mit dem ersten Autopiloten, gelang es ihm, in nur sieben Tagen und neunzehn Stunden nach elf Zwischenlandungen, unter anderem in Berlin, Moskau, Sibirien und Alaska, sicher in New York zu landen. Über sein Schlafdefizit sagte Post später: «Ich wette, dass ich auf meiner Reise hunderte Male eingenickt bin. Aber jedes Mal, wenn ich am Einschlafen war, lösten sich meine Muskeln und meine Finger rutschten vom Steuerknüppel. Während meine Hand nach unten fiel, wachte ich jedes Mal auf.»

Wiley Post wurde vom damaligen Präsidenten Roosevelt empfangen. Im ganzen Land wurden Paraden zu seinen Ehren abgehalten. Er war für einige Jahre Vorbild und Held gleichermaßen.

Und er hatte aus seiner persönlichen Niederlage mit viel Geduld, Ausdauer und Geschick einen großen Sieg gemacht. Posts Lebensweg zeigt, dass vieles machbar ist, wenn der Wille nicht gebrochen wird. So gesehen, könnte man aus seiner Lebensgeschichte vielleicht sogar herauslesen, dass Post diese notwendige Akribie für das Fliegen nicht entwickelt hätte, wäre ihm nicht der missliche Unfall passiert. Auf alle Fälle hätten ihm nicht die finanziellen Mittel zur Verfügung gestanden, seinen Traum weiterzuträumen.

Leider konnte Post seine Popularität nur noch wenige Jahre genießen. Er starb schon 1935 bei einem Flugzeugabsturz während eines Unwetters. Sein Name ist in den USA unvergessen. Neben seinem Rekordflug hatte Post einen Druckanzug entwickelt, um in großer Höhe fliegen zu können. Posts Erfindung gilt als Vorläufer des Raumanzugs.

Der Abgesang des Kanzlers

Niederlagen sind (und bleiben auch) Niederlagen: Politische Wahlen führen in der Regel zu klaren Entscheidungen. Rein oder raus ins Parlament, Mehrheit oder Minderheit, Regierungsauftrag oder Opposition. Dies zu akzeptieren fällt bisweilen Politikerinnen und Politikern in allen Ländern schwer. Dem Fernsehzuschauer werden in der Regel Volksvertreter vor Augen geführt, die «gewonnen» haben. Vor oder nach der Wahl, unabhängig vom Ergebnis. Die nackten Prozentzahlen und einfachen Stimmenzahlen werden auf Biegen und Brechen interpretiert. Niederlagen werden zu Siegen, knappe Siege in Triumphe umgedeutet. Im Verhältnis zu irgendeiner Wahl vor vielleicht dreißig Jahren erscheint der Politik ein aktuelles Ergebnis – so schlecht es auch sein mag – immer besser, als es wirklich ist.

Eines der besten Beispiele für einen solchen irrationalen Schlagabtausch der neueren Zeitgeschichte war die Wahl zum Deutschen Bundestag im Jahr 2005 und die darauffolgende Diskussion der Spitzenkandidaten im deutschen Fernsehen. Gerhard Schröder hatte sieben Jahre als Kanzler einer rot-grünen Koalition regiert. Um seinem größten Reformprojekt, der Agenda 2010, einen klaren Wählerauftrag zu verschaffen, hatte er die Wahl zum Deutschen Bundestag um ein Jahr vorgezogen. Das Vorhaben misslang. Die Vorteile der Agenda, die sich insbesondere auf Reformen des Sozialsystems und des Arbeitsmarktes bezog, konnten einer Mehrheit der Bevölkerung nicht deutlich gemacht werden. Die Folge war eine klare Niederlage der amtierenden Koalition. Die SPD Gerhard Schröders wurde knapp als stärkste Partei von der CDU Angela Merkels abgelöst. Rot-grün war abgewählt. Deutschland stand vor einem Patt, da auch eine konservativ-liberale Koalition von CDU und FDP keine Mehrheit hatte. Wie heute bekannt, folgte eine Große Koalition von CDU und SPD. Natürlich besetzte die stärkste Partei – die CDU – das Amt des Bundeskanzlers. Frau Merkel wurde 2005 als erste Frau deutsche Kanzlerin.

Noch am Wahlabend aber war dies ungewiss. Gerhard Schröder sah sich aufgrund der für ihn im Vorfeld ungünstigeren Umfragezahlen, denen dann doch ein besseres Ergebnis folgte, als Sieger, obwohl er gegenüber Frau Merkel den Kürzeren gezogen hatte. Das Streitgespräch zwischen dem Chefredakteur des Zweiten Deutschen Fernsehens (ZDF), Nikolaus Brender, und Schröder am Wahlabend ist mittlerweile ein Dokument der Zeitgeschichte. Aufgrund der Beispielhaftigkeit lohnt es sich, Auszüge nachzulesen (aus der Frankfurter Allgemeinen Zeitung vom 20. September 2005):

Brender (ZDF-Chefredakteur): Herr Bundeskanzler …
Schröder (Noch-Bundeskanzler): Wie Sie mich schon ansprechen.

B: Sind Sie jetzt schon zurückgetreten?
S: Nein, überhaupt nicht.
B: Also noch einmal, Herr Bundeskanzler, das sind Sie ja noch …
S: … und das bleibe ich auch, auch wenn Sie dagegenarbeiten …
B: Ob wir dagegenarbeiten? Sie haben von Medienmacht und Medienkampagne geredet. Ich weise darauf hin, dass ARD und ZDF sich da nichts vorzuwerfen haben. Nicht alles, was Ihnen nicht passt, ist Medienkampagne.

S: Der eine sieht es so, der andere sieht es so, Herr Brender.

B: Nicht alles, was Ihnen nicht passt, ist Medienkampagne. Meine Frage an Sie ist: Sie wollten stärkste Partei werden. Sie haben das nicht erreicht. Sie haben das drittschlechteste Ergebnis einer sozialdemokratischen Partei in dieser Republik erreicht.

S: Das ist doch das, was ich meine …

B: Ist es nicht erlaubt zu fragen, ob Sie auch verloren haben?

S: Aber natürlich haben wir verloren. Das ist doch gar keine Frage. Aber verglichen mit dem, was in dieser Republik geschrieben und gesendet worden ist, gibt es doch einen eindeutigen Verlierer, und das ist nun wirklich Frau Merkel, und das sollten auch Sie einmal zur Kenntnis nehmen. Das ist doch so. Und deswegen sage ich …

B: Herr Schröder, vielleicht haben Sie nicht zugehört, mein Kollege hat Frau Merkel eben dorthin geführt, dass sie verloren hat.

S: Darf ich denn auch einmal reden, oder wollen Sie mich ständig unterbrechen? Wir haben verloren, das ist doch gar keine Frage, und das schmerzt mich. Aber verglichen mit dem, von wo wir kamen, von 24 Prozent nämlich. Verglichen mit dem, was wir erleben mussten in den letzten Wochen und Monaten, bin ich wirklich stolz auf meine Partei, auf die Menschen, die mich unterstützt haben, die uns gewählt haben und die uns ein Ergebnis beschert haben, das eindeutig ist. Jedenfalls so eindeutig, *dass niemand außer mir in der Lage ist, eine stabile Regierung zu stellen. Niemand, außer mir!*

B: Herr Bundeskanzler, Sie kamen von 38,5 Prozent im Jahre 2002. Also haben Sie reichlich verloren. Sie haben nicht so viel gewonnen, wie Sie jetzt sagen.

S: Aber schauen Sie einmal. In Ihren Sendungen ist gesagt worden, Frau Merkel ist bei 49 Prozent, bei 45 Prozent, bei 43 Prozent, und jetzt ist sie bei knapp 35 Prozent oder etwas mehr.

B: Die Messungen waren zu der Zeit immer korrekt.

S: Ich weiß nicht, ob sie korrekt waren. Ich finde, dass Sie einmal einsehen müssen ...

B: In unseren Sendungen ist das nachvollzogen worden, was in den Meinungsumfragen aller Institute geschrieben worden ist. Das ist nicht nur in unseren Sendungen gesendet worden, sondern in allen Zeitungen erschienen. Ich weiß ja nicht, welche Zeitungen Sie lesen. Wir müssen uns da nichts vorwerfen lassen. Ich möchte Ihnen aber bitte noch eine Frage stellen: Wenn wir noch einmal die Begründung im Bundestag, die Sie zur Auflösung, zur Neuwahl gegeben haben ...

S: Wollen wir den Wahlkampf fortsetzen, oder was?

B: Wenn wir uns noch einmal die Begründung im Bundestag anschauen, die Sie zur Neuwahl gegeben haben, und das Ergebnis heute sehen, ist diese Begründung eingeholt worden, nämlich die Grundlage für eine stabile Regierung fehlt.

S: Ich finde schon. Ich finde schon, dass meine Entscheidung sehr kompliziert war, und wie ich fand, auch mutig; zu sagen: Ich möchte für eine Politik, die in Wahlkämpfen diskutiert worden ist, in den Ländern eine Legitimation durch das Volk. (...) Und wissen Sie, was mich besonders freut, wenn ich das noch kurz sagen darf, dass die Menschen in Deutschland sich ihr Recht herausgenommen haben, so zu entscheiden, wie sie wollen, und nicht so zu entscheiden, wie die Medienmacher meinten, sie sollen entscheiden.

B: Mit 8 Prozent und 34,2 Prozent kann man zumindest nicht der starke Führer einer neuen Regierung sein.

S: Aber Entschuldigung, natürlich kann ich das.

Ein Lehrstück ohnegleichen. Verloren haben eigentlich alle Parteien. Die CDU und Angela Merkel, weil es nicht zu einer gewünschten konservativ-liberalen Regierung gereicht hat; die SPD, die nur zweitstärkste Partei geworden ist; die FDP und die Grünen, deren Wunschpartner jeweils zu schwach waren und sich schließlich zu einer Großen Koalition verbündeten. Verloren hatte aber vor allem Gerhard Schröder, der dies nach einigen Tagen des Abstands dann auch einsah. Letztlich schmiedete Angela Merkel ein Bündnis, deren Spitze sie antrat.

Niederlagen sind zunächst einmal Niederlagen. Dies vor einem größeren Publikum auch einzugestehen, ohne gleich daraus einen wie auch immer gearteten Sieg konstruieren zu wollen, würde der Politik gut anstehen und ihr sicherlich mehr Anerkennung der Bürgerinnen und Bürger verschaffen.

Die Tränen des Titans

Niederlagen sind auch Siege: Der 2. September 2008 war ein besonderer Tag im sportlichen Leben von Oliver Kahn, des wohl besten deutschen Torhüters aller Zeiten. Nach seinem Abschiedsspiel seines Vereins Bayern München gegen die deutsche Nationalelf in der Münchner Allianz-Arena lief er zu «Time To Say Goodbye» sichtlich bewegt und mit feuchten Augen eine letzte Ehrenrunde vor seinen Fans, die ihn in den letzten zwanzig Jahren vom Karlsruher Nachwuchstalent zum Münchner «Titan» im Tor des deutschen Meisters emporgejubelt hatten. Ein bewegender Augenblick nicht nur für die Fußballwelt. Selbst die deutsche Kanzlerin Angela Merkel hatte dem Torwarthelden zum Abschied einen sehr persönlichen Brief geschrieben.

Was hat dieser Fußballheld mit unserem Thema zu tun? Sehr viel, denn gerade im Fußball liegen Sieg und Niederlage eng beieinander. «Kahns Karriere war durch etliche Titel und Rekorde – aber auch Niederlagen und Tragödien geprägt», war über die schillernde Persönlichkeit im Kicker-Sportmagazin zu lesen. Wie kein anderer heimste er sportliche Erfolge ein: 557 Bundesliga-Spiele, Champions-League-, UEFA-Pokal- und Weltpokalsieger, achtmal deutscher Meister, je sechsmal DFB- und Ligapokalsieger, Europameister, Vizeweltmeister, viermal Europas Torhüter des Jahres, sechsmal in Deutschland, hier auch zweimal Fußballer des Jahres, dreimal Welttorhüter des Jahres. Und doch gibt es auch die andere Seite: Turbulenzen um seine Ehe, Wutausbrüche auf dem Spielfeld, rüde Attacken auf die Gegner, bittere Niederlagen im Weltmeisterschaftsfinale 2002 gegen Brasilien durch einen eigenen Fehler und im Champions-League-Finale 1999 gegen Manchester United durch zwei Gegentore in der Nachspielzeit. Schließlich die Verbannung als Stammtorhüter auf die Auswechselbank vor der Weltmeisterschaft 2006 in Deutschland durch Bundestrainer Jürgen Klinsmann. Viele erwarten dort, dass Kahn seinen Rücktritt aus der Nationalmannschaft erklären wird. Doch er tut es nicht und fügt sich in die neue Rolle, obwohl er für diese Heimweltmeisterschaft zwei Jahre intensiv gearbeitet hatte. Er habe seinen Traum nicht erfüllt bekommen, die Weltmeisterschaft im eigenen Land, bekennt er in seinem zweiten Buch mit dem Titel *Ich. Erfolg kommt von innen.*

Gerade diese Episode kann auch für Unsportliche und wenig Fußballbegeisterte lehrhafte Elemente mit sich bringen. Der Traum eines jeden Fußballers, einmal Weltmeister und dazu noch Gewinner im eigenen Land zu werden, war wie eine Seifenblase geplatzt. Und das nicht wegen eines starken Gegners, sondern wegen der Entscheidung des Trainers, den Spieler auf die Bank zu setzen. Kahn witterte zunächst ein Komplott gegen sich. Die Öffentlichkeit rechnete mit einem Rücktritt. Doch zur Überraschung aller – vielleicht auch des damaligen Bundestrainers Klinsmann – akzeptiert der «Titan» die neue Situation.

Und nicht nur das: Er unterstützt seinen Rivalen Jens Lehmann mental im wichtigen Viertelfinale gegen Argentinien. Kahn schildert die Szene so, dass es ein menschlicher Augenblick gewesen sei, trotz aller Härte dessen, was jetzt kommen könne. Die Spieler fühlten sich kurz vor dem Elfmeterschießen nah wie nie. Es sei ein Gefühl stärker als Harmonie, mehr etwas wie Freundschaft. Obwohl er zur Höchststrafe verurteilt sei, obwohl er nicht mitspielen dürfe, sei es auch *sein* Spiel. Plötzlich wusste er, dass er etwas gelernt hatte. Er stand zwischen den Spielern, ging langsam los. Dann stand er direkt hinter ihm, er kniete sich zu seinem Kontrahenten auf den Rasen und gab ihm – Jens Lehmann – die Hand. Es war «der Händedruck des Jahres», wie ihn deutsche Zeitungen später bezeichneten.

Und es war gerade diese Geste, die Oliver Kahn zu einem der beliebtesten Sportler überhaupt gemacht hat. Natürlich spielten die sportlichen Erfolge eine große Rolle. Doch erschien der «Titan» bis dahin als unnahbar, zuweilen arrogant bis hin zu aggressiv. Der Händedruck mit Lehmann machte ihn menschlich und damit sympathisch. Den Wettstreit um die Torwartposition bei der WM 2006 hatte Kahn verloren, dafür aber die Herzen der Menschen gewonnen.

Hillary Clinton: Macht und Ohnmacht einer Frau

Niederlagen sind auch Siege: Die US-Amerikanerin Hillary Clinton ist eine beeindruckende Persönlichkeit. In Zeiten, in denen Frauen in Führungsgremien noch immer unterrepräsentiert sind, hat sie durch ihr bisheriges Leben bewiesen, dass sie ihren Mann stehen kann – mehr vielleicht als viele Männer vor und während entsprechender Herausforderungen.

Hillary Clintons öffentliches Leben kann in zwei große Phasen eingeteilt werden. Viele Jahre war sie an der Seite ihres Mannes die First Lady zunächst des Bundesstaats Arkansas, dann der gesamten Vereinigten Staaten. Bill Clinton war mit einer Unterbrechung von 1978 bis 1992 zunächst Gouverneur von Arkansas und von 1993 bis 2001 der 42. Präsident der Vereinigten Staaten von Amerika.

Hillary konzentrierte sich schon während dieser fast zwanzig Jahre nicht auf die ihr vom Protokoll zugedachte repräsentative Rolle an der Seite des Präsidenten. Als ehemalige Jura-Professorin – sie hatte schon in den 70er-Jahren maßgeblich dazu beigetragen, die damalige Watergate-Affäre zu erhellen – ließ sie sich nicht auf Auftritte bei Wohltätigkeitsveranstaltungen reduzieren, sondern reklamierte für sich, ihren Mann aktiv in der Politik zu unterstützen. Ihr größter Erfolg während dieser Zeit war wohl, dass sie ein staatliches Gesundheitsprogramm für die Kinder von nichtversicherten Eltern durchgesetzt hat. Davon profitierten nach 1997 fast sieben Millionen Kinder in den USA.

Ein Jahr später musste sie eine öffentliche Demütigung hinnehmen, als ihr Mann in der so genannten Lewinsky-Affäre zugeben musste, dass er eine «unangemessene» Beziehung zu der ehemaligen Praktikantin Monica Lewinsky gehabt hatte. Dieses außereheliche Abenteuer führte nicht nur Bill Clinton als Person, sondern durch ein Meineids- und Amtsenthebungsverfahren auch das Amt des Präsidenten, das gesamte Weiße Haus und die demokratische Partei in den USA in erhebliche Turbulenzen.

Die damaligen Falschaussagen, zum Teil vor laufender Kamera, hatten aber nicht nur in der Öffentlichkeit, sondern auch für das Ehepaar Clinton verheerende Auswirkungen. In ihrer Autobiografie schreibt Hillary über diese Zeit der Enthüllungen. Sie habe keine Luft bekommen. Sie habe um Atem gerungen, zu weinen begonnen und ihn (den Ehemann) angeschrien. Sie sei jeden Augenblick zorniger geworden. Eigentlich sei sie überzeugt gewesen, dass er das Opfer einer Verleumdungskampagne gewesen war. Sie habe sich nicht vorstellen können, dass er ihre Ehe und Familie aufs Spiel setzen würde. Sie war wütend und verzweifelt gewesen, weil sie ihm geglaubt hatte. Sie wusste nicht, ob die Ehe diesen Betrug überstehen konnte oder sollte. «Es war die verheerendste, schockierendste und schmerzlichste Erfahrung meines Lebens.»

Hillary Clinton empfand den Vertrauensbruch als persönliche Niederlage und Demütigung. Es sollte viele Tage, Wochen und Monate dauern, bis sie ihrem Mann verzeihen konnte. Die Ehe hing über lange Zeit am seidenen Faden. Hillary berichtet aus jenen Wochen von einem Besuch Nelson Mandelas im Weißen Haus. Mandela, dem es gelungen war, selbst seinen Kerkermeistern während vieler Jahre der politischen Gefangenschaft zu verzeihen, und der später der erste Präsident des neuen Südafrikas geworden war, sagte in Gegenwart der Clintons: «Wenn unsere Gebete nicht erhört werden, wenn unsere Erwartungen und Träume nicht wahr werden, sollten wir alle daran denken, *dass wahre Größe nicht darin besteht, nie zu fallen, sondern darin, nach jedem Sturz wieder aufzustehen.*»

Hillary Clinton stand wieder auf. Sie wollte ihren Mann in den schwierigen Monaten der Anklage nicht im Regen stehen lassen. Auch Bills öffentliche Entschuldigung und Bitte um Vergebung während eines Gebetsfrühstücks im Weißen Haus entfalteten eine positive Ausstrahlung. Der bekannte blinde Musiker und Freund der Familie, Stevie Wonder, komponierte eigens ein Lied für Hillary und trug es im Weißen Haus vor. Als Stevie zu spielen anfing, so erinnert sie sich, seien ihr die Tränen in die Augen gestiegen. Das Lied hatte eine ergreifende Melodie und handelte von der Kraft der Vergebung. Stevie habe ihr einen der schönsten Augenblicke in jener schwierigen Zeit geschenkt.

Hillary Clinton wurde zum Vorbild für viele. War sie vormals für viele in der Öffentlichkeit die scheinbar arrogante, intellektuelle, ehrgeizige Superfrau, war sie nun auf das Normalmaß geschrumpft worden. Amerikas Hausfrauen machten ihren Frieden mit ihr. Als betrogene Ehefrau wies sie ihnen einen Weg, wie sie ihre eigenen Krisen meistern und ihre Familien zusammenhalten konnten. Das verschaffte ihr unerwartete Sympathien. Vielleicht war diese Demütigung ein entscheidender Wendepunkt in ihrem persönlichen wie politischen Leben.

Es folgten Jahre der eigenen politischen Karriere. Bill unterstützte dabei seine Frau mit Rat und Tat. Die Beschäftigung mit der Kandidatur gaben Bill und ihr die Möglichkeit, endlich wieder über andere Dinge als die Zukunft ihrer Beziehung zu sprechen, erinnert sich Hillary später. Er wollte ihr unbedingt helfen, und sie war dankbar für seinen sachkundigen Rat. Sie hatten die Rollen getauscht, und nun übernahm er die Funktion, die sie in den vergangenen Jahren wahrgenommen hatte.

Im Jahr 2000 wurde Hillary Clinton als Senatorin für den Bundesstaat New York gewählt. Sechs Jahre später wurde sie mit einer Zweidrittelmehrheit wiedergewählt. Am 20. Januar 2007 kündigte die Senatorin ihre Kandidatur für die Präsidentenwahl 2008 an. Zunächst schien sie sogar die Favoritin im Zuge der internen demokratischen Kandidatenauswahl zu sein. Hillary Clinton konnte in den Vorwahlen 21 Bundesstaaten für sich entscheiden und lieferte dem späteren Präsidenten Barack Obama einen aufopferungsvollen Wahlkampf. Auf der einen Seite stand die potenzielle erste amerikanische Präsidentin, auf der anderen Seite war die Möglichkeit, erstmals einen Afro-Amerikaner zum Präsidenten zu wählen. Schon aus diesem Grund gestaltete sich der Vorwahlkampf spektakulär und mit einer großen Rivalität.

Am Ende hatte Obama aber knapp die Nase vorne. Es spricht für Frau Clinton, dass sie diese politische Niederlage nicht mit der Aufgabe ihrer Ambitionen verband. Nicht nur in ihrem privaten, sondern auch im politischen Leben zeigte sie Größe. Schon kurze Zeit später sprach sie Barack Obama öffentlich ihre Unterstützung aus und half ihm, den Hauptwahlkampf letztendlich klar zu gewinnen. Sicherlich haben ihr die bitteren Erfahrungen zehn Jahre zuvor geholfen, unerwartete Krisen in der eigenen politischen Karriere zu überwinden. Ihre Stellung in der amerikanischen Öffentlichkeit war zudem mittlerweile so stark geworden, dass der neue Präsident bei der Kabinettsbildung gar nicht an ihr vorbeikam und sie am 1. Dezember 2008 zur neuen US-Außenministerin berief.

Bei der Vereidigung zeigte sich Hillary Clinton laut einer Pressenotiz der Wiener Zeitung gut gelaunt: Ihrem anwesenden Mann Bill Clinton, dem früheren US-Präsidenten, dankte sie für ein Leben «mit jeder Art von Erfahrungen», was wohl Gelächter auslöste. Diese kleine Episode zeigt aber, dass es durchaus möglich ist, selbst eine solche Art der Demütigung nach einer Phase der Aufarbeitung und mit zeitlichem Abstand gelassener sehen zu können. Insofern ist Hillary Clinton ein Vorbild nicht nur für Frauen, sondern auch für das männliche Geschlecht, das (vermeintliche) Kränkungen und Ehrverletzungen in vielen Fällen in einem Elefantengedächtnis meint abspeichern zu müssen.

Hillary Clintons Leben zeigt zudem, dass Krisen wirklich auch Chancen beinhalten und der Mensch gestärkt aus solchen Zeiten hervortreten kann. Selbst resümierte sie diese schwierige Phase so, dass diese acht Jahre im Weißen Haus ihren Glauben und ihre Überzeugungen, ihre Ehe sowie die Verfassung und das Regierungssystem auf eine harte Probe gestellt haben. Sie sah sich in einen Blitzableiter für die politischen und ideologischen Schlachten verwandelt, die um die Zukunft des Landes ausgefochten wurden.

Vielleicht liegt darin das Problem, dass viele Menschen heute nicht mehr für andere einstehen wollen, auch nicht für ihr unmittelbares Umfeld. Auf diese Weise würden aber Abwehrkräfte aktiviert, die einen selbst in schwierigen Stunden des Lebens mit Kraft zurüsten würden.

Der «göttliche Sieg» der Hisbollah

Niederlagen sind auch Niederlagen: Das ist eine schwere Übung, für den Einzelnen wie noch mehr für eine ganze Nation. Im Nahostkonflikt konnte im Jahr 2008 ein aktueller Fall beobachtet werden.

Selten wühlen Fernsehnachrichten so auf wie der Bericht über den spektakulären Gefangenenaustausch zwischen Israel und der Terrororganisation Hisbollah am 16. Juli 2008. Zwei Jahre lang hatten die israelische Öffentlichkeit und vor allem die Familien und Angehörigen gehofft, die beiden am 12. Juli 2006 von der Hisbollah gekidnappten Soldaten Ehud Goldwasser und Eldad Regev doch noch lebend in Israel in die Arme schließen zu können. Bis zur letzten Minute vor dem Austausch von vier lebenden Hisbollah-Kämpfern und dem berüchtigten libanesischen Mörder Samir Kuntar hatten die Islamisten selbst die Vertreter des Roten Kreuzes im Ungewissen gelassen, in welcher Verfassung die beiden Verschollenen heimkehren würden.

Doch dieser heiße Sommermorgen zwei Jahre nach der Entführung am Grenzübergang Nakura war das Ende jeder Hoffnung. Pietätlos und vermutlich als Demütigung der israelischen Fernsehzuschauer dienend, wurden vor der Übergabe auf libanesischer Seite der Grenze von Hisbollah-Angehörigen zwei schmucklose schwarze Särge aus einem Transportfahrzeug auf den Boden gestellt. «Die Familien brachen zusammen.

Sie hatten nicht mit so viel zusätzlicher Grausamkeit gerechnet», sagte ein Verwandter einer der Soldaten, nachdem per Fernsehbildern die Gewissheit von deren Tod übermittelt worden war. Von einer Sekunde zur anderen war klar, dass die Interventionen der Eltern und gerade auch der Ehefrau von Ehud Goldwasser, Karnit, wie auch die zahlreichen Demonstrationen, Kundgebungen, Internetaufrufe und Unterstützerschreiben im Internet nichts gebracht hatten.

«Der Libanon jubelt, Israel weint», überschrieb der Nahostkorrespondent Johannes Gerloff eine Analyse des Geschehens. Glich schon der aufgrund dieser Entführung entfesselte zweite Libanonkrieg 2006 für die Israelis eher einer Niederlage denn einem Sieg, konnte die Hisbollah ein weiteres Mal ihre Propaganda-Maschinerie anwerfen. Während sich in Israel auch der Regierungschef Ehud Olmert seiner Tränen nicht schämte, empfingen die Islamisten ihre «Helden» und «Märtyrer» mit Siegesparaden und vollmundigen Versprechungen über künftige Siege ihres Führers Hassan Nasrallah. Der Hisbollah-Fernsehsender berichtete von einem «überwältigenden Sieg über den zionistischen Feind» und einem «göttlichen Sieg». Der von Hisbollah-Kämpfern dominierte Süden Libanons ist an diesem Tag überzogen von geschmückten Straßen und Plakaten mit dem Bild von Samir Kuntar, der dreißig Jahre in israelischen Gefängnissen saß und als arabisches Symbol des Widerstands gilt.

Wie ist dieser Austausch von toten Soldaten gegen vier Hisbollah-Kämpfer und den unter anderem wegen Mordes an einem vierjährigen israelischen Mädchen einsitzenden Verbrecher anders einzuschätzen als eine herbe Niederlage Israels im Kampf gegen den Terrorismus? Nicht wenige westliche Medienvertreter teilten diese Einschätzung. Anders in Israel, wo eine andere Betrachtungsweise die Menschen enger zusammenrücken ließ. Der Reservemajor und Direktor der Born to Freedom Foundation schrieb in der Tageszeitung Jedi'ot Acharonot: «Das war ein trauriger und schwerer Tag für die Familien Regev und Goldwasser, für die israelischen Streitkräfte und für die gesamte Nation ... Heute sind Uri und Eldad heimgekehrt; nicht auf die Weise, wie wir erhofft und für die wir gebetet hatten, dass sie zurückkommen würden, aber dennoch, sie sind daheim, wo man sie nun beisetzen wird ... Die besondere jüdische moralische Sensibilität der israelischen Gesellschaft gegenüber allen Angelegenheiten, die die Verantwortung für die ausgeschickten Soldaten betreffen, sticht heute hervor in Anbetracht der abgestimmten Jubelrufe im Libanon anlässlich der Rückkehr des Hisbollah-‹Helden›, dem abscheulichen Mörder Samir Kuntar ... Dies ist ein Tag der moralischen Stärke.»

«Kraft dieser moralischen und ethischen Stärke des israelischen Volkes», äußerte auch Ministerpräsident Ehud Olmert am Tag der Rückkehr der toten Soldaten, «haben wir uns entschieden, die Jungs selbst zum Preis der Freilassung eines verwerflichen Mörders nach Hause zu bringen. Ein Ausländer wird nicht verstehen, was jedem Israeli bestens bekannt ist; gegenseitige Verantwortung und die Sorge um das Schicksal jedes einzelnen unserer Soldaten sind der Kitt, der uns als Gesellschaft zusammenhält und es uns ermöglicht, umzingelt von Feinden und Terrororganisationen zu überleben. Glücklich ist das Volk, das solche Werte sein Eigen nennt.»

Tatsächlich konnte in diesen schmerzlichen Tagen gerade auch während der Beisetzung der toten Soldaten verfolgt werden, wie der vermeintliche «Sieg» der Hisbollah trennende Gräben in der israelischen Öffentlichkeit schloss und das kleine Land zu altem Mut und Stolz zurückkehrte. «Eine Nation wird zu einer Familie – Goldwasser und Regev», sagte Staatspräsident Schimon Peres in einer «Rede an die Nation». Miki, die Mutter von Ehud Goldwasser, betonte am Grab ihres Sohnes: «Ich will nicht weinen, nicht jetzt ... Ich rufe mein Volk auf, stolz zu sein. Wir haben uns als starkes Volk gezeigt, als

Hinterbliebene unbesiegbar mit einem starken Geist. Wir haben Verantwortung übernommen und gezeigt, was Freundschaft heißt.» Die deutsche Bundesregierung bezeichnete den Gefangenenaustausch zwischen Israel und dem Libanon ebenfalls als «politisch, aber auch humanitär wichtigen Erfolg». Der BND-Agent Gerhard Conrad hatte den Austausch im Auftrag der Uno vermittelt.

Tatsächlich darf Israel sich vor der Welt als moralischer Sieger des Handels sehen. Anders als die bestellten Jubelfeiern der Hisbollah machten die gefassten Trauerfeierlichkeiten und die öffentliche Diskussion in Israel einen starken Eindruck auf Freund und Feind. Der Triumph auf der einen Seite verblasste schnell, die moralische Größe Israels machte nachhaltigen Eindruck. Selbst der freigelassene Samir Kuntar zeigte im libanesischen Fernsehen für einen Moment Respekt vor seinen Feinden: «Um die Wahrheit zu sagen, wir beneiden unsere Feinde. Um die Art und Weise, wie sie Sorge tragen für einen Körper – von einem Ende der Welt zum anderen – und wie sie alles versuchen, Gefangene zu befreien.»

Die Tragik des stärksten Mannes der Welt

Siege sind auch Siege: Olympische Spiele waren schon in der Antike Höhepunkte des sportlichen Lebens für Aktive wie Zuschauer gleichermaßen. Sieger wurden wie Helden gefeiert, Verlierer geschmäht. Im Zeitalter der modernen Mediengesellschaft werden Siege und Niederlagen der Sportlerinnen und Sportler zu nationalen Ereignissen stilisiert, die die Menschen bewegen und ganze Länder oder sogar Kontinente in Glück oder Unglück stürzen.

Die vom kommunistischen Regime in China perfekt organisierten Olympischen Spiele in Peking 2008 waren auf diese Weise beeindruckend wie erschreckend zugleich. Einer nie gesehenen pompösen Eröffnungsfeier, die für die Bildschirme mit elektronischen Mitteln noch glanzvoller aufgepeppt worden war, folgte eine Flut von Medaillen für die heimischen Sportlerinnen und Sportler, die keine andere Nation einschließlich der USA stoppen konnte. Und doch und vielleicht gerade wegen der höchsten Ansprüche des Gastgeberlandes versagten andererseits heimische Favoriten, die zuvor als sichere Bank für eine Goldmedaille galten.

Bei der verletzungsbedingten Aufgabe des chinesischen Top-Leichtathleten Liu Xiang während des Endlaufs der 400-m-Hürden stockte der Atem einer ganzen Nation. «China verliert sein Gesicht. Die Nation steht unter Schock», war sogar in der Frankfurter Allgemeinen Zeitung angesichts des kollektiven Weinens der Zuschauer wie der chinesischen Journalisten gleichermaßen zu lesen. Einer der bekanntesten Chinesen der Welt, der zuvor für seine Landsleute als Held der Spiele ausgerufen worden war, fiel in wenigen Sekunden in den Abgrund der Niederlage. Aus dem Helden wurde ein Häufchen Elend. Hoffnung verwandelte sich in Trauer und Verzweiflung. Vielleicht wird der kurze Abstand von Sieg und Niederlage nirgends anders so ersichtlich wie im Sport. Wenige Sekunden entscheiden über Erfolg oder Misserfolg. Eine Verletzung oder eine Krankheit kurz vor dem entscheidenden Wettkampf kann eine jahrelange mühevolle Vorbereitung umsonst erscheinen lassen.

Peking 2008 gebar mit dem Sprinter Usain Bolt aus Jamaika und dem Schwimmer Michael Phelps aus den USA aber auch neue Weltstars, deren haushohe Erfolge im Lichte des allgegenwärtigen Dopingverdachts aber auch mit einem bitteren Beigeschmack versehen waren.

Uneingeschränkt auf Sympathie der sportlichen Weltöffentlichkeit stieß der Olympiasieg des gebürtigen Österreichers und jetzigen Deutschen Matthias Steiner im Gewichtheben in der Männerklasse über 105 kg. Im Stoßen und Reißen stemmte der Superschwergewichtler zusammen sagenhafte 461 kg und krönte sich neben dem Titel Olympiasieger auch mit der in der Presse bis heute am meisten zitierten Auszeichnung «stärkster Mann der Welt». Mehr noch als diese außerordentliche Leistung blieb den Zuschauern die darauffolgende emotionalste Siegesfeier dieser Spiele in Erinnerung. Steiner hielt nach der Verleihung der Goldmedaille plötzlich ein Foto seiner ein Jahr zuvor tödlich verunglückten Ehefrau in die Kameras und sprach davon, dass der Titel ihr gewidmet sei. «Gold für seine Frau ... sein Schicksal rührt zu Tränen», titelte das Boulevardblatt Bild und zitierte den Sportler: «Ich hoffe, meine Frau hat es von oben gesehen.»

Tatsächlich endete für den Schwerathleten Steiner mit dem Gewinn der Goldmedaille eine «Tortour» des Leidens, die mit dem tragischen Unglück seiner Frau begann. Zunächst hatte er alles hinschmeißen wollen. Doch die Erinnerung an die Liebe seines Lebens und die Wut über den Verlust verliehen ihm den nötigen Antrieb, das Projekt Olympia doch anzugehen. In seinem Sport fand er neuen Sinn und Hoffnung auf die Zukunft. «Mit der Hantel zurück ins Leben», überschrieb Evi Simeoni einen treffenden Kommentar am Tag nach dem großen Sieg Steiners in der Frankfurter Allgemeinen Zeitung. «Es ist eine Geschichte, die das Leben schrieb – und eine Geschichte, die vom Tod geprägt ist. Das Bild des Gewichthebers Matthias Steiner ganz oben auf dem Olympiapodest, die Goldmedaille auf der Brust, das Foto seiner verstorbenen Frau in der Hand, ernst, aber ohne Tränen, zeigt zweierlei: dass die Trauer ein inspirierender Begleiter sein kann. Und dass auch nach einem schweren Schicksalsschlag das Leben mit all seinen Möglichkeiten weitergeht.»

Der erfolgreiche Sportler Matthias Steiner hatte im Juli 2007 mit dem Verlust seiner Frau eine tragische Niederlage erlitten, die er nicht im geringsten Maße beeinflussen konnte. Ein Jahr später gewann er am 19. August 2008 erstmals für Deutschland eine Goldmedaille im Superschwergewicht der Gewichtheber. Mit dem Antrieb, dies für seine Frau zu tun, hatte er zumindest für wenige Stunden einen großen Sieg errungen. Eine beispiellose sportliche Erfolgsgeschichte eines Mannes, der seit jungen Jahren Diabetiker ist und sich trotzdem extremsten Herausforderungen gestellt hat.

Dass dieser Sieg bei weitem den Verlust seiner Frau nicht «kompensieren» konnte, bewiesen die Prozesstage vor dem Amtsgericht Heidelberg wenige Monate nach dem großen Erfolg in Peking. Ein sichtlich mitgenommener Matthias Steiner trat als Nebenkläger gegen den Verursacher des Unfalls auf, der zum Tod seiner Frau geführt hatte. Ein ehrliches Bedauern hat Steiner aber nicht gehört, so sehr er sich dies gewünscht hat. Er, der von sich in den Wochen nach dem Gewinn der Goldmedaille oft erzählt hat, dass er an unkontrollierten Wutanfällen leide und Sport gewissermaßen als «Antidepressivum» nutze. Steiners Leiden ist auch mit dem Sieg in Peking nicht zu Ende gegangen. Es war ein Etappensieg, mehr nicht.

Viele Menschen erleiden ähnliche Schicksalsschläge wie Matthias Steiner. Der plötzliche und jähe Verlust eines Menschen ist unbegreiflich und schmerzt ohne Ende. Eine solche endgültige Niederlage vor dem Tod hat Auswirkungen auf das ganze weitere Leben. Nichts ist, wie es vorher war.

Steiners Beispiel zeigt aber, dass es möglich ist, aus dem tiefen Tal der Tränen herauszukommen und anhand von Zielen dem Leben neue Chancen abzugewinnen. Das Drama Steiners trieb ihn in einen Sieg, der die Menschen bewegte. Nicht anders ist seine Beliebtheit zu erklären, die ihn 2008 zum Bambi-Sieger und Sportler des Jahres in Deutschland werden ließ. Ob Steiner auch Olympiasieger an der Seite einer noch lebenden Ehefrau geworden wäre, kann niemand beantworten. Mit dieser Frage sollte man sich auch nicht auseinandersetzen. Was zählt, ist der dankbare Blick nach hinten, der Hoffnung gibt für den Blick nach vorne.

■ 2 ■

Der Umgang mit Niederlagen: Aufstehen und Weitermachen

Tu das Richtige: Huckabees aussichtsloser Wahlkampf

Erinnert sich noch jemand an Mike Huckabee? Im Zuge der Wahl des Demokraten Barack Obama zum neuen amerikanischen Präsidenten und des über Monate sich hinziehenden Vorwahlkampfs mit Hillary Clinton ist der Kampf um die Kandidatur bei den Republikanern fast schon in Vergessenheit geraten. Als außerhalb seines Heimatstaates Arkansas fast Unbekannter war Huckabee im Kampf um die republikanische Nominierung des Präsidentschaftskandidaten Anfang 2007 vor die amerikanische Öffentlichkeit getreten. Als ehemaliger Pastor der Southern Baptist Convention und einer von drei republikanischen Gouverneuren von Arkansas wurde er nicht nur innerhalb seiner eigenen Partei zunächst belächelt. Dass er im Vergleich zu seinen Konkurrenten das mit Abstand schmalste Wahlkampfbudget besaß und seine Unterstützer fast allesamt ehrenamtlich arbeiteten, schien seine Chancenlosigkeit zu untermauern.

Mike Huckabee entpuppte sich aber rasch als ernstzunehmende Persönlichkeit. Aufgrund der populären Themen Werte, Familie, gerechte Steuern und Unterstützung der hart arbeitenden Mittelschicht gewann er überraschenderweise mehr Anhänger als von vielen erwartet. Als Kanonenfutter gestartet, gewann er die wichtigen Vorwahlen in Iowa und in sieben weiteren Staaten und war plötzlich der einzige ernstzunehmende republikanische Konkurrent des im ganzen

Land bekannten John McCain. Geheimnis des Erfolgs waren die Gradlinigkeit, Glaubwürdigkeit und der Gerechtigkeitssinn Huckabees sowie das Aufgreifen von Themen der Demokraten wie die Erhöhung der Steuern für Besserverdienende und Steuerfreiheit für Geringverdienende. Huckabee kritisierte öffentlich Parteifreund und Präsident George Bush und plädierte für die Auflösung des umstrittenen Straflagers Guantánamo.

Mike Huckabee eroberte manche Herzen der Republikaner, ließ den hoch gewerteten Politiker Mitt Romney hinter sich, scheiterte aber letztlich an John McCain und dessen Mythos eines Vietnam-Helden, dem er aber einen achtbaren Kampf geliefert hatte. Anfang März 2008 musste Huckabee nach mehreren verlorenen Vorwahlen in diversen Staaten McCains Sieg anerkennen. Die Enttäuschung überwog zunächst, doch ließ Huckabee seine Unterstützer in jenen Tagen per E-Mail folgendes Interessantes wissen: «Ich habe nicht verloren, doch das Spielende kam, bevor ich mein Spiel beenden konnte.» Ein interessanter Aspekt des Umgangs mit einer Niederlage. Weiter schrieb Huckabee: «Ich habe keinen Plan B in der Tasche, wir haben immer gedacht, dass wir weitermachen werden bis zur Präsidenteneinsetzung im Januar 2009.» Ist das nicht vermessen? Hatte der Außenseiter wirklich an eine echte Chance geglaubt?

Tatsächlich war ein Teil des bisherigen Erfolges eben diesem Umstand geschuldet, dass Mike Huckabee an seine Mission glaubte. Er wollte wirklich Präsident werden! Trotz der offensichtlichen Chancenlosigkeit schon innerhalb seiner eigenen Partei, die Vorwahl zu gewinnen.

Wie verarbeitete Huckabee die Niederlage gegen McCain? Seine Reaktion und Empfehlungen sind von allgemeiner Gültigkeit. Der gescheiterte Kandidat gab sich Folgendes selbst mit auf den Weg: Denke über das Geschehene nach (*reflect*), ruhe aus (*rest*), regeneriere dich (*renew*) und fange neu an (*re-boot*). Eine Gedankenreihe, die mir nachahmenswert erscheint – wie immer man zu Huckabee stehen mag! Als gläubiger Christ empfand er Dankbarkeit im Hinblick auf viele positive Erfahrungen, die er vor allem mit seinen Wahlhelferinnen und Wahlhelfern gemacht hat. «Gott war so gut zu uns. Wir können niemals ganz ausdrücken, wie viel ihr für uns getan habt und wie ihr unsere Leben gesegnet habt. Ich hoffe von ganzem Herzen, dass ich euch nicht enttäuscht habe. Ich verspreche euch, dass ich mein Bestes gegeben habe.» Huckabee dankt für das Gewesene und schaut wie Micha in die Zukunft: «Wir werden wieder aufstehen und den Glockenschlag zur nächsten Runde annehmen – was immer das auch sein mag. Wir lieben euch und vertrauen darauf, dass die Reise gerade erst begonnen hat. Müde, aber mit dankbarem Herzen, eure Mike und Janet Huckabee.» Schon wenige Stunden nach seiner Niederlage war Huckabee auf dem besten Weg, neue Herausforderungen anzugehen! Zwischenzeitlich hat er ein Buch über seinen Wahlkampf veröffentlicht mit dem vielsagenden Titel «Tu das Richtige».

Huckabee hat inzwischen mit seinem Buch die Bestsellerlisten in den USA erklommen und scheint für nicht wenige Beobachter geeignet zu sein, mithelfen zu können, die republikanische Partei nach dem Abtritt des unbeliebten Präsidenten George W. Bush und der klaren Niederlage John McCains gegen Barack Obama wieder einer besseren Zukunft entgegenführen zu können. Vielleicht hätte ein republikanischer Spitzenkandidat Mike Huckabee gegen den jetzt gewählten Demokraten Obama 2008 ein besseres Ergebnis erzielt als der Vietnamveteran John McCain, der lediglich für das Thema innere Sicherheit und Terrorabwehr in den Augen der US-Amerikaner gute Noten erhielt. Eine echte Chance hätte aber auch er wohl nicht gehabt. Zu stark waren die Ressentiments in der Bevölkerung gegenüber den Republikanern, zu magisch schien Barack Obama als Hoffnungsträger der Amerikaner auf bessere Tage geworden zu sein. Die Zeit war reif für einen Wechsel.

George Foreman: Das Positive im Negativen suchen

George Foreman ist weltweit einer der bekanntesten Boxer. 1968 holte er für die USA als 19-Jähriger olympisches Gold, 1973 wurde er durch einen schnellen Knock-out-Sieg gegen Joe Frazier Schwergewichtsweltmeister im Profiboxen. In einem legendären Kampf am 30. Oktober 1974 in Kinshasa, der Hauptstadt des damaligen Zaire und heutigen Kongos, verlor Foreman den Titel an Muhammad Ali unter fragwürdigen Bedingungen. Wenig später stieg Foreman aus dem Ring und nahm erst 1987 eine zweite Karriere in Angriff, die 1994 mit der sensationellen Wiedererlangung des Titels gegen Michael Moorer gekrönt worden ist. Ein Jahr später gab er die aktive Boxlaufbahn endgültig auf. Aufgrund dieser Erfolge wurde Foreman in die «International Boxing Hall of Fame» aufgenommen, eine Würdigung, die nur wenigen Boxern zuteilgeworden ist.

Weniger bekannt ist Foremans Hinwendung zum christlichen Glauben in der Zeit nach der Niederlage gegen Muhammad Ali und sein späteres Engagement als Prediger in einer christlichen Kirche in Houston, Texas. Aus dem früheren arroganten Kämpfer mit Bart und Afrolook-Mähne sei ein freundlicher, humorvoller Glatzkopf geworden, schreibt Wikipedia über die Veränderung im Leben des Sportlers. In einem neueren Buch mit dem Titel «Mit Gott im Ring» berichtet Foreman selbst über sein Leben und eine Vision, die sein Leben radikal verändern sollte. Foreman schildert aber auch ungeschönt seinen sportlichen Weg, der Siege wie Niederlagen kannte. Der positive Umgang mit Niederlagen wurde von ihm anschaulich und lehrreich beschrieben.

Auch ohne jegliche Leidenschaft für das Boxen oder den Sport insgesamt ist die Darstellung dieser sportlichen Pleiten für den Leser und die Leserin interessant und lehrreich. Er habe vier bedeutende Niederlagen in seinem Leben gehabt, die das Schlimmste zu sein schienen, was ihm passieren konnte, aber alle stellten sich als Stufen heraus, die ihn zu größerem Erfolg, stärkerem Einfluss und mehr Zufriedenheit geführt hätten.

Können wir dies im Rückblick auf eigene empfundene Niederlagen auch so sagen? George Foreman jedenfalls war nach dem Kampf gegen Muhammad Ali niedergeschlagen darüber, nicht mehr Champion zu sein. Er dachte, sein Leben sei vorbei, und verfiel in Depressionen. Nichts befriedigte ihn, nichts konnte ihn aus diesem Teufelskreis herausziehen. Obwohl er es zu der Zeit nicht wusste, war das scheinbar Schlimmste doch das Beste für ihn, sagt er heute. Warum? «Weil die Niederlage meine Suche nach Gott angeschoben hat.»

Die zweite schlimme Schlappe ereilte Foreman 1977 gegen Jimmy Young in einem Kampf, den er als Berechtigung für einen neuen Titelfight gegen Ali unbedingt hätte gewinnen müssen. Wie zuvor dachte er auch jetzt, dass diese Niederlage das Schlimmste wäre, was ihm passiert war. Nach einem Knockout in der letzten Runde fiel Foreman in der Kabine in eine Art Wachkoma-Zustand. Er erlebte eine Christusvision, die ihn nachhaltig veränderte. Foreman beschreibt diese gleich einem Nahtoderlebnis als Austritt aus seinem Körper und einer Begegnung mit dem gekreuzigten Jesus Christus. Zum ersten Mal in seinem Leben ging er mit einem inneren Frieden aus dem Umkleideraum, erinnert er sich später. Wenn er Ali und Young geschlagen hätte, wäre er nicht zusammengebrochen und hätte Jesus nicht gefunden. «Ich musste erst hier auf der Erde verlieren, um den Himmel zu gewinnen.»

Als dritte schlimme Niederlage empfand Foreman den Verlust eines Großteils seines Besitzes, der auf unsaubere Machenschaften von einem seiner Manager zurückging. Aber wenn er sein Geld nicht verloren hätte, wäre er nicht zum Boxen zurückgekehrt und hätte all die Gelegenheiten und Aufträge verpasst, die Gott für ihn geplant hatte, so Foreman.

Materieller Verlust als Hinführung zu einem gottgefälligen Leben? Mancher von uns scheint dies nur schwer nachvollziehen zu können. Doch drängte die klamme finanzielle Situation und seine Sorge um ein von ihm gegründetes Waisenhaus den Sportler zu einem nie für möglich gehaltenen Comeback, das zunächst auch mit einer Niederlage begann. Evander Holyfield siegte 1991 nur mühsam nach Punkten gegen einen boxenden Großvater, der von der Öffentlichkeit für seine Rückkehr bis dahin nur müde belächelt worden war. Foreman sagte damals in einer Pressekonferenz, dass er zwar um ein paar Punkte verloren habe, aber eines habe er ganz sicher gezeigt: Vierzig zu sein, sei kein Todesurteil! Über Nacht flogen Foreman aufgrund dieser Äußerung die Herzen zu. Obwohl er den Boxkampf nicht gewonnen hatte, gewann er den Respekt der Welt, weil er gezeigt hatte, dass man sich in unserer Gesellschaft die meisten Begrenzungen des eigenen Erfolgs selbst auferlegt.

Diese Niederlage in Würde zeigt die Wichtigkeit des unmittelbaren Umgangs mit dem Ereignis. Keine Niederlage ist herb genug, dass der Verlierer dadurch das Gesicht verlieren muss. «Vertrauen Sie Gott, dass er etwas Gutes aus Ihrer Situation macht», ist Foremans Ratschlag an uns, die wir wohl kaum im Boxen, sondern in anderen Bereichen Niederlagen einfahren oder erleben. Wenn der Herr mit uns ist, so Foreman, kann er jede Niederlage, die wir erlitten haben, in eine Situation umkehren, die Gutes bringen wird. Egal, wer wir sind, früher oder später werden wir mit Verlust konfrontiert werden.

Gott kann auch in dieser Situation das Schlimmste in das Beste verwandeln.

Foreman empfiehlt daher, dass wir auf Gott vertrauen. Wenn wir alles wüssten, was in der Zukunft passieren wird, bräuchten wir den Glauben nicht mehr. Laut Foreman sollen wir einfach einen Schritt nach dem anderen gehen und darauf vertrauen, dass Gott längst einen Plan für uns hat und dass er das Beste aus unserer Situation machen wird.

«Danke, George, für diesen Zuspruch», möchte man sagen. Nicht jeder ist mit dem Gottvertrauen eines Predigers gesegnet. Doch ist es wichtig, zu wissen, dass aus einer zunächst empfundenen Niederlage später etwas Gutes erwachsen kann. So gesehen war die Niederlage keine solche, sondern eher ein Wendepunkt zum Besseren. Die vier genannten Niederlagen jedenfalls haben aus dem verbissenen und egoistischen Kämpfer George Foreman einen glücklichen Familienvater und Wohltäter in vielerlei Hinsicht gemacht.

Paulus von Tarsus: Dienen alle Dinge zum Besten?

Der Völkermissionar Paulus muss an dieser Stelle nicht gesondert vorgestellt werden. Ohne den unermüdlich reisenden Paulus hätte sich das Christentum nicht wie ein Lauffeuer in der antiken Welt des 1. Jahrhunderts ausgebreitet. Ohne den in der jüdischen Theologie geschulten Pharisäer Paulus hätte die christliche Lehre weniger Überzeugungskraft entwickelt. Viele meinen sogar, dass das Christentum lediglich eine jüdische Sekte geblieben wäre ohne den vor Damaskus bekehrten «Diener Jesu Christi», wie er sich selbst bezeichnete (Römer 15,16). Paulus war damals vielen Menschen und etlichen Gemeinden eine Vaterfigur, eine Persönlichkeit, deren Wirken die Welt, wie wir heute wissen, nachhaltig verändert hat.

War Paulus nun ein herausragender Mensch, ein Genie, das mit Begabungen gesegnet war, eine durch nichts zu erschütternde strahlende Heldenfigur? Man sollte tatsächlich meinen, dass ein solches Lebenswerk auf einen Menschen zurückgeht, der die physische und psychische Konstitution eines erfolgreichen Athleten, Philosophen und Politikers gleichermaßen gehabt hätte. Nichts von dem scheint aber so gewesen zu sein. Gegenüber den Christen in der Weltmetropole Korinth zitierte Paulus im Rahmen einer Verteidigungsrede die über ihn wohl vorherrschende Meinung: «Seine [Paulus'] Briefe wiegen schwer und sind stark; aber wenn er [Paulus] selbst anwesend ist, ist er schwach und seine Rede kläglich» (2. Korinther 10,10; LUT).

Tatsächlich wäre Paulus wohl für viele moderne Rhetorikkursleiter ein schwieriger Fall gewesen. Lukas berichtet in «seiner» Apostelgeschichte zum Beispiel von einer viel zu langen Rede in Troas, die einen jungen Mann namens Eutychus so in den Schlaf sinken ließ, dass er vom dritten Stock aus dem Fenster gefallen ist. Auch sonst berichtet Lukas nicht davon, dass die Massen sich begeistert von ihren Sitzen erhoben und Paulus Ovationen entgegengebracht hätten. Eine zentrale Predigt auf dem Areopag am Fuß der Athener Akropolis wollten am Ende nur einige wenige Männer und eine Frau mit Namen Damaris hören. Alle anderen spotteten über Paulus und verließen den ehrwürdigen Rednerplatz kopfschüttelnd (Apostelgeschichte 17,16–34).

Glaubt man den apokryphen Paulusakten, die etwa einhundert Jahre nach seinem Tod entstanden sind, war Paulus «ein Mann, klein von Gestalt, mit kahlem Kopf und krummen Beinen». Nicht gerade der Prototyp eines die Zuschauer faszinierenden «Talkmasters». Paulus schildert sich gegenüber den Korinthern als «in Schwachheit und in Furcht und mit großem Zittern» (1. Korinther 2,3; LUT). Lagen die Defizite im Auftreten mit Unsicherheiten in seiner eigenen Person begründet? «Denn das Gute, das ich will, das tue ich nicht; sondern das Böse, das ich nicht will, das tue ich» (Römer 7,19; LUT). Hier spricht ein Mensch, der um seine Begrenztheit weiß.

«Ich bin ein Narr geworden», wirft er den Korinthern angesichts der Ablehnung ihm gegenüber seitens gewisser Strömungen in der Gemeinde vor (2. Korinther 12,11; LUT). So sehr habe er um die Entwicklung gerade dieser von ihm gegründeten Gemeinde gekämpft. Für ihr Wohlergehen scheint er einiges an persönlichen Anfeindungen eingesteckt zu haben. Manche Stellen in seinen Briefen können auch als

Anflüge von Resignation verstanden werden. «Ich habe Lust, aus der Welt zu scheiden und bei Christus zu sein, was auch viel besser wäre; aber», und das betont Paulus, «es ist nötiger, im Fleisch zu bleiben, um euretwillen» (Philipper 1,23–24; LUT).

Hier scheint durch, was ihn über Wasser hielt. Paulus zeigt sich als Mensch, der von persönlichen Niederlagen im Hinblick auf theologische Gegner gezeichnet ist, aber um seiner Mission willen doch nicht aufgeben will. Die Schwachheit selbst wird ihm zur Stärke! «Für mich selbst aber will ich mich nicht rühmen, außer meiner Schwachheit» (2. Korinther 12,5; LUT).

Wiederum den Korinthern offenbart Paulus eine weitere Schwäche, die vielfach als Krankheit gedeutet worden ist. Mir ist «gegeben ein Pfahl ins Fleisch, nämlich des Satans Engel, der mich mit Fäusten schlagen soll, damit ich mich nicht überhebe. Seinetwegen habe ich dreimal zum Herrn gefleht, dass er von mir weiche. Und er hat zu mir gesagt: Lass dir an meiner Gnade genügen; denn meine Kraft ist in den Schwachen mächtig. Darum will ich mich am allerliebsten rühmen meiner Schwachheit, damit die Kraft Christi bei mir wohne» (2. Korinther 12,7–9; LUT).

Bedenkt man diese Seite des Paulus, die von ihm keinesfalls unter den Teppich gekehrt worden ist, rückt auch die vielfach missverstandene Aussage im Brief an die Gemeinde in Rom ins richtige Licht: «Wir wissen aber, dass denen, die Gott lieben, alle Dinge zum Besten dienen» (Römer 8,28; LUT). Nicht wenige Menschen haben dies als Erfolgsrezept für ihr Leben gelesen. Wenn sie nur Gott lieben, so dachten sie, wird ihnen alles zufallen: Glück, Reichtum und Wohlergehen. Dieses Missverständnis kann aber nur losgelöst von der Person und von der Geschichte des Paulus so entstanden sein.

Christsein ist kein Patentrezept für einen permanenten Aufenthalt auf der Sonnenseite des Lebens. Wer meint, dass Christen Erfolgsmenschen per se bzw. Siegertypen sein sollten, hat Paulus und dessen Lebensgeschichte völlig außen vor gelassen. Für ihn sind auch schwierige Situationen zielführend. Für ihn sind offensichtliche Pleiten Geschichten der Gnade Gottes. Drastisch schildert Paulus derartige Ereignisse: «Von den Juden habe ich erhalten fünfmal vierzig Geißelhiebe weniger einen; ich bin dreimal mit Stöcken geschlagen, einmal gesteinigt worden; dreimal habe ich Schiffbruch erlitten, einen Tag und eine Nacht trieb ich auf dem tiefen Meer» (2. Korinther 11,24–25; LUT). Erfolg sieht anders aus. Siege werden anders definiert.

Von Paulus lernen, heißt Demut lernen, heißt verlieren lernen. «Wenn ich mich denn rühmen soll, will ich mich meiner Schwachheit rühmen» (2. Korinther 11,30; LUT). Persönlich erfahrene Schwächen, seien es Niederlagen, Krisen oder Krankheiten, verfärben sich im Lichte der Erfahrungen und Aussagen des Paulus in ein anderes Licht. Zeiten der Niedergeschlagenheit, Stunden der Verbitterung oder auch Tage der Krise sollen aber nicht prägend oder gar Selbstzweck sein, sondern der Blick des Paulus geht nach vorne: «Ich vergesse, was dahinten ist, und strecke mich aus nach dem, was da vorne ist, und jage nach dem vorgesteckten Ziel, dem Siegespreis der himmlischen Berufung Gottes in Christus Jesus» (Philipper 3,13–14; LUT).

Von Paulus zu lernen, heißt auch: aufbrechen zu können aus misslichen Umständen. Der Blick des Paulus ist nach vorne gerichtet. Auch wenn er zu Boden geworfen worden ist. Im ganzen Lebenslauf gesehen, werden diese Erfahrungen ihren Sinn offenbaren. Das Leben des Paulus ist ein gutes Beispiel. Sein demütiges Ringen um die Gemeinde in Korinth scheint deren Zweifel zerstreut zu haben, die vielen Nachstellungen und Anschläge auf das Leben des Apostels waren letztendlich nicht von Erfolg gekrönt gewesen, selbst sein Märtyrertod in Rom hat sein Lebenswerk nicht zerstören können, sondern es vielmehr gekrönt. «Gott aber sei Dank, der uns den Sieg gibt durch unsern Herrn Jesus Christus!» (1. Korinther 15,57; LUT).

Jesus und das «Desaster» von Golgatha

Wenn Paulus seine Schwäche rühmt und darin eine Kraftquelle sieht, lohnt es sich, auf das Leben desjenigen einen Blick zu werfen, dem zuliebe er diese Lasten alle auf sich genommen hatte: Jesus Christus. Kann man den Gottessohn überhaupt in ein Schema Siegertyp/Verlierertyp einordnen? Ein Versuch soll an dieser Stelle gewagt werden.

In der christlichen Kunst vor allem der Ostkirche wird Jesus häufig als der im Himmel thronende Pantokrator (Allherrscher), als König mit Zepter, Purpurgewand und Krone dargestellt. Auch die Kunst des Westens zieht es seit der Romanik vor, Jesus Christus den Glanz eines Königs zu verleihen. Romanische Kruzifixe sind mit einem Christus versehen, der mit Krone und erhabenem Gesichtsausdruck eher über dem Holz schwebt, als dass er daran festgenagelt zu sein scheint. Diese Formen der Kunst beziehen sich in der Regel auf Jesus Christus in seiner Eigenschaft als wiederkommender Herr und Richter. Mit dem Leben Jesu zur Zeit der römischen Kaiser Augustus und Tiberius, das uns die Evangelien schildern, haben sie aber nichts zu tun.

Schon der Geburtsort Jesu ist weder eine Metropole noch ein besonders wichtiger politischer Ort in der damaligen römischen Provinz Judäa. Bethlehem war ein winziger Weiler mit ein paar Häusern – wie auch Nazareth, wo Jesus aufwuchs. Die Menschen lebten von der Landwirtschaft oder waren

Handwerker. Josef war «Teknon», zum einen Zimmermann, zum anderen aber auch Maurer; eine Art Allroundwerker, der sich auf das Bauen mit Steinen spezialisiert hat. Einen Steinwurf von Nazareth entfernt liegen heute die Ruinen von Sepphoris. Zur Zeit des jungen Jesus hatte sich der Herodessohn Herodes Antipas daran gemacht, dieses Sepphoris als Hauptstadt seines kleinen, von den Römern abhängigen Vasallenstaates Galiläa auszubauen. Es ist anzunehmen, dass dort auch Jesus und Joseph genügend Arbeit fanden. Wenn man heute in den Resten des Theaters der Ausgrabungsstätte von Sepphoris aus dem 1. Jahrhundert nach Christus steht, ist es durchaus vorstellbar, dass einige der antiken Steine auch von Handwerkern aus Nazareth behauen worden sind. Sepphoris mag zur Zeit Jesu – wie auch die Hafenstadt Caesarea Maritima oder Jerusalem – eine Stätte des Glanzes gewesen sein, aber nicht Bethlehem oder gar Nazareth. Das Leben des heranwachsenden Jesus scheint so normal gewesen zu sein, wie es viele zeitgenössische Jungen in diesen Dörfern auch erlebt haben. Die Evangelien berichten über diese Jahre wohl aus diesem Grund so gut wie nichts.

Das Leben eines Siegertypen, wie wir es aus den griechischen, römischen oder auch germanischen Mythen kennen, hätte anders ausgesehen. Ein Herakles, Perseus oder Siegfried wurden schon in jungen Jahren zu Kriegern ausgebildet, das Leben als Heros war vorgezeichnet durch mutige Taten und gemeisterte Herausforderungen.

«*Jesus war ein Verlierer.* Im Vergleich mit den Gründern anderer Religionen, etwa mit Buddha oder Mohammed, war Jesus nicht aus adligen Verhältnissen oder der Anführer einer siegreichen Armee, sondern einer von der Verliererseite. Und dem Christentum ist diese Verlierermentalität von Anfang an in die Programmatik geschrieben. Wenn der christliche Glaube religiös etwas Neues gebracht hat, dann ist es ursprünglich diese Sorge um die Verlierer, um die Opfer, um die Unterlegenen, die Menschen in den mannigfachsten Niederlagen», sagt Dr. Eckart Türk von der Stabsstelle für Sekten- und Weltanschauungsfragen im Bistum Mainz. Türk begründet seine Sicht der Dinge mit der Hinwendung Jesu zu den Menschen, die die Ausgestoßenen und Verlierer der damaligen Gesellschaft waren: Zöllner, Dirnen, Kranke, Behinderte und Todgeweihte wie die Leprakranken.

Tatsächlich erscheint das Wirken Jesu weder glanzvoll noch glamourös. Seine Gesprächspartner sind Menschen aus dem Volk, nicht die herrschende Schicht. Jesus will nicht der Star der Menge sein. Seine Residenzen sind die Straße und einfache Häuser, nicht die Paläste. Anhänger, die in ihm den militärischen Retter Israels vor der römischen Besatzung gesehen hatten, waren bald bitter enttäuscht.

Laut Rudolf Augstein, dem Begründer des Nachrichtenmagazins «Der Spiegel», wollte Judas Iskariot durch seinen Verrat und die Auslieferung im Garten Gethsemane Jesus dazu zwingen, sich als Messias zu offenbaren. Judas habe laut Augstein geglaubt, dass Jesus von Gott die Macht und den Auftrag verliehen bekommen habe, als ein Befreier die Römer aus dem Land zu jagen. Diese Auffassung wird von einigen Auslegern der Judas-Geschichte geteilt. Dass sie zutrifft, scheint eher unwahrscheinlich zu sein, zumal Judas im Johannes-Evangelium als Veruntreuer der gemeinsamen Kasse geschildert wird, der eher aus Geldgier gehandelt haben dürfte (Johannes 12,4–6). Die Erwartung, die in die Person des Judas in späterer Zeit hineininterpretiert worden ist, scheint aber in Teilen der jüdischen Bevölkerung durchaus vorhanden gewesen zu sein.

So ist das schmähliche Ende am Kreuz, dem römischen Folter- und Exekutionsinstrument, für diese enttäuschten Hoffnungen die Bestätigung, dass dieser Jesus gescheitert und nicht der Messias war. Matthäus berichtet von Leuten, die den sterbenden Jesus noch unter dem Kreuz verhöhnten: «Du willst den Tempel niederreißen und in drei Tagen wieder aufbauen?

Wenn du Gottes Sohn bist, hilf dir selbst, und steig herab vom Kreuz!» (Matthäus 27,40; EIN). Noch wenige Tage zuvor war er von einer begeisterten Menge in Jerusalem empfangen worden, jetzt hing er wie ein Verbrecher gedemütigt und gefoltert an dem Querbalken, um langsam und qualvoll zu sterben. Drastischer hätte das vermeintliche Scheitern nicht zum Ausdruck kommen können. Für die frommen Juden ist Jesus durch diese Todesart verflucht und endgültig entehrt (5. Mose 21,23).

Ein in Stein geritztes heidnisches Spottkreuz, das auf dem römischen Palatin gefunden worden ist und etwa 150 Jahre nach dem Tod Jesu entstanden sein dürfte, zeigt eine gekreuzigte Figur mit Eselskopf und einen Mann davor mit erhobener Hand. Darunter ist in Griechisch zu lesen: «Alexamenos betet seinen Gott an.» Wie Jesus selbst wurden auch die frühen Christen für die Verehrung eines derart gescheiterten Menschen verlacht. Das wird durch dieses Graffito deutlich. Bis heute werden Christen für die Verehrung des Mannes, der schmählich am Kreuz gestorben ist, belächelt, benachteiligt und sogar vermehrt auch verfolgt.

Schon Paulus wusste, dass dieses Scheitern am Kreuz die Geister scheidet: «Dass Jesus Christus am Kreuz für uns starb, muss freilich all denen, die verloren gehen, unsinnig erscheinen. Wir aber, die gerettet werden, erfahren gerade durch diese Botschaft vom Kreuz die ganze Macht Gottes» (1. Korinther 1,18–19; HFA). Ist dies nicht der Versuch, das Desaster von Golgatha nachträglich zu beschönigen oder gar unzulässig umzudeuten? Wenn auf Karfreitag nicht der Ostersonntag gefolgt wäre, hätte Paulus sicherlich so etwas nicht geschrieben. Wenn auf Karfreitag nicht der Ostersonntag gefolgt wäre, hätte das Leben Jesu tatsächlich nicht mehr Bedeutung gehabt als eine Randnotiz der jüdischen Religionsgeschichte. Wenn auf Karfreitag nicht der Ostersonntag gefolgt wäre, hätte es die Geschichte des Christentums schlicht nicht gegeben. Im

Licht des Ostermorgens erhalten die Geschehnisse auf dem Richtplatz Golgatha vor den Toren Jerusalems aber einen anderen Charakter. «Gott hat den Schuldschein, der uns mit seinen Forderungen so schwer belastete, eingelöst und auf ewig vernichtet, indem er ihn ans Kreuz nagelte. Auf diese Weise wurden die finsteren dämonischen Mächte entmachtet und in ihrer Ohnmacht bloßgestellt, als Christus über sie am Kreuz triumphierte» (Kolosser 2,14–15; HFA). Das Kreuz wird plötzlich von einem Symbol des Fluches zu einem Zeichen des Heils und der Hoffnung. Das leere Grab am Ostermorgen macht aus dem Kreuz von Golgatha einen Lebensbaum.

An dieser Stelle soll nicht weiter über die theologische Bedeutung des Kreuzestodes Jesu nachgedacht werden. Entscheidend für den Umgang mit persönlichen Niederlagen ist, aus diesem Zusammenhang mitzunehmen, dass aus dem vordergründig schrecklichen Scheitern des Jesus von Nazareth vor 2000 Jahren die größte Geschichte der Welt geworden ist. Gott selbst hat sich in diesem Menschen klein gemacht, hat gelitten und hat sich verwundbar gemacht. «Gott hat nicht nur die Maske eines Menschen vorgehängt. Er hat unser Leben gelebt, unsere Liebe geliebt, ist unseren Tod gestorben», sagt die Philosophin Hanna-Barbara Gerl-Falkovitz. Der Verfasser des Hebräerbriefs hat dies so ausgedrückt: «Deshalb musste er [Jesus] uns, seinen Brüdern und Schwestern, auch in allem gleich sein. Dadurch konnte er ein barmherziger und zuverlässiger Hoherpriester für uns werden und sich selbst als Sühneopfer für unsere Sünden Gott darbringen. Denn weil er selbst gelitten hat und denselben Versuchungen ausgesetzt war wie wir Menschen, kann er uns in allen Versuchungen helfen» (Hebräer 2,17–18; HFA).

Wenn nun Niederlagen in der Heilsgeschichte Gottes eine wichtige Rolle spielen, sollten auch wir im Umgang mit solchen Zeiten des Scheiterns und der Krise nach vorne schauen. Aus der Rückschau kann so manches Trübe in einem helleren

Licht erscheinen. Vielleicht hat uns eine Niederlage vor Schlimmerem bewahrt. Vielleicht ist ein Schuss vor den Bug zur rechten Zeit ein notwendiges Übel im Hinblick auf ein gelungenes Leben im Ganzen.

Schließlich lehrt uns die Geschichte Jesu, dass nicht der große Star vor Gott zählt, sondern der Niedrige, der Verachtete und der Hilflose. Jesu Sieg am Kreuz entsteht nicht durch Gewalt, Kraft und Können, sondern durch Entsagung und völliges Dahingeben in den Willen Gottes. Dies ist für die Maßstäbe der Welt paradox und eben deshalb so besonders tröstlich. Wenn es uns noch so schlecht ergeht in verschiedenen Situationen unseres Lebens, sei es durch ein berufliches Scheitern, durch eine Krankheit oder eines schlimmen Ereignisses wegen, dürfen wir uns trösten, dass wir im Himmel einen Ansprechpartner haben, der uns versteht. Jesus weiß aus eigenem Erleben, wie bitter sich Niederlagen anfühlen, wie Schmerzen bohren, wie steinig Wege werden. Er ist kein enthobener Gott, der über allem schwebt. Er ist der gute Hirte, um den wir uns scharen dürfen, den wir – nicht nur in Gefahr – aufsuchen und dessen Führung wir vertrauen sollten.

Das Wissen um seine Gegenwart und seine Fürsorge ist in entsprechenden Situationen unendlich wertvoll. Mir hilft es, über das Lesen von Psalmen oder Texten aus dem Evangelium hinaus, Bilder des leidenden Christus zu betrachten oder einfach in einem Kirchenraum vor einem Kreuz zur Ruhe zu kommen. Die vermeintliche Niederlage sollte seiner Barmherzigkeit abgegeben werden. Dadurch entsteht Vertrauen, dass auch die offensichtliche Sinnlosigkeit durchaus Sinn haben kann, wenn sie aus höherer Warte betrachtet wird. Schließlich lehrt die Geschichte Jesu auch, dass unsere Maßstäbe nicht Gottes Maßstäbe sind; dass unsere Vorstellungen nicht immer deckungsgleich mit den Vorstellungen Gottes sein müssen. «Meine Gedanken sind nicht eure Gedanken, und meine Wege sind nicht eure Wege. Denn wie der Himmel die Erde überragt, so sind auch meine Wege viel höher als eure Wege und meine Gedanken als eure Gedanken» (Jesaja 55,8–9; HFA).

Der Schweizer Reformator Ulrich Zwingli sagte: «Was Gott an und für sich ist, wissen wir so wenig, als ein Käfer weiß, was ein Mensch ist.»

Mich erinnern diese Worte an das Aquarium in unserem Wohnzimmer. Es ist faszinierend und wohltuend zugleich, das Treiben in diesem Mikrokosmos zu betrachten. Nicht umsonst hatte der langjährige deutsche Bundeskanzler Helmut Kohl ein Aquarium in seinem Dienstzimmer stehen. In unruhigen Zeiten fand er im Betrachten der Fische einige Momente der Ruhe.

Im Beobachten dieser kleinen Welt der Fische wird mir immer wieder klar, dass diese Wesen nichts oder nur wenig von der Welt wahrnehmen, die sich außerhalb der Glasscheiben befindet. Die Fische wissen nichts über den ganzen Raum um sie herum, ihre Welt befindet sich lediglich innerhalb von 180 Litern Wasser. Sicherlich haben sie kein Verständnis dafür, dass ich hin und wieder in ihre Welt eindringen muss, um zu säubern und aufzuräumen.

Auch wenn wir es nicht wahrhaben wollen, gleichen wir im Großen dieser Tierwelt im Kleinen. Wir sehen und sehen doch nicht, wir leben auf einem kleinen Planeten inmitten eines unendlichen Alls und meinen doch, das Heft in der Hand zu haben. Mir geht es oft wie dem Psalmisten, der sagt: «Ich blicke zum Himmel und sehe, was deine Hände geschaffen haben; den Mond und die Sterne – allen hast du ihre Bahnen vorgezeichnet. *Was ist da schon der Mensch, dass du an ihn denkst?* Wie klein und unbedeutend ist er, und doch kümmerst du dich um ihn. Ja, du hast ihm eine hohe Stellung gegeben – nur wenig niedriger als die Engel. Mit Ruhm und Ehre hast du ihn gekrönt» (Psalm 8,4–6; HFA; Hervorhebung von mir).

Diese Sicht der Dinge hilft, Umstände zu relativieren, die wir zunächst als schmählich oder vielleicht sogar ungerecht betrachten. Diese Sicht der Dinge hilft auch, den eigenen Willen zurückzustellen und gemäß den Worten aus dem «Vaterunser» Gott anzubefehlen: *Nicht mein Wille geschehe, sondern deiner.*

3

Herausforderungen angehen – trotz drohender Niederlagen

Den Rubikon überschreiten

Viele Menschen neigen dazu, möglichen Niederlagen dadurch aus dem Weg zu gehen, indem sie Herausforderungen gar nicht erst annehmen. Sie scheuen sich nicht nur vor dem Scheitern, sondern vielfach auch davor, überhaupt gegebene Handlungsmöglichkeiten abzuwägen. So verkriechen sie sich letztlich in ein Schneckenhaus, verpassen Chancen und leben zumeist farb- und auch lustlos. Ein banales Beispiel ist die Suche nach Kandidatinnen und Kandidaten für Kommunalwahlen. Natürlich ist das Risiko groß, dass unbekannte Menschen in Dörfern und Städten wenig Stimmen erhalten und nicht gewählt werden. Immer wieder kann aber die Erfahrung gemacht werden, dass auch bekannte Persönlichkeiten sich vor einer Wahl scheuen, weil sie vielleicht nicht gewählt werden könnten. Dass es aber zu begrüßen ist, dass Menschen überhaupt öffentliche Verantwortung übernehmen und dadurch mithelfen, das demokratisch-freiheitliche System mit Leben zu erfüllen, wird ausgeblendet. Als ob es eine Schande wäre, aus manchmal unerfindlichen Gründen weniger Stimmen als andere zu erhalten. Völlig aus dem Weg gehen vorsichtige Menschen neuen beruflichen Herausforderungen, möglichen Bewerbungen oder auch dem Werben um einen Ehepartner.

Ich wünsche mir sehr, mit den bisher geschriebenen Kapiteln gezeigt zu haben, dass Niederlagen oder als Niederlagen empfundene Ereignisse auch positive Aspekte beinhalten. Sie können Wendepunkte sein, Weggabelungen, die bisher unerkannte Möglichkeiten eröffnen. Menschen entwickeln ihre Persönlichkeit und ihre Entfaltungsmöglichkeiten nur dadurch, dass sie neue Wege gehen – auch wenn diese vielleicht über Umwege führen mögen.

Im Jahr 48 vor Christus, als Gaius Iulius Caesar den kleinen oberitalienischen Fluss Rubikon und damit die Grenze von den Provinzen ins eigentliche römische Kernreich mit seinem Heer überschritt, löste er einen Bürgerkrieg aus, an dessen Ende er der mächtigste Mann des Imperiums war. Caesar war sich der Symbolik des Überschreitens des Flusses bewusst. Er hätte sein Heer entwaffnen oder zurücklassen müssen. Sein interner Gegner Pompeius konnte nicht anders, als gegen Caesar in den Krieg zu ziehen. *Alea iacta est* (wörtlich: «der Würfel ist geworfen», bekannt als: «die Würfel sind gefallen»), soll Caesar beim Überschreiten gesagt haben. Caesar setzte viel aufs Spiel – vielleicht sogar sein Leben – und gewann alles. Hätte er gezögert und zum Beispiel monatelang hinter dem Rubikon ein Lager aufgeschlagen, wäre er als Zauderer und Angsthase dagestanden und hätte nicht diesen Erfolg gehabt.

Wir sind zwar keine römischen Feldherren und befehligen keine Truppen, doch stehen wir oft vor ähnlichen Grenzlinien, die es zu überschreiten gilt. Als ich im Rahmen der Ausschreibung für die anfangs genannte Bürgermeisterwahl meine Bewerbungsunterlagen auf dem Rathaus eingereicht hatte, war klar, dass es jetzt kein Zurück mehr gibt. Manchmal scheinen die Herausforderungen zu groß und die Aufgabe schier unüberwindbar zu sein, so dass wir vor dem Überschreiten unseres Rubikons zögern.

Heinz Heckhausen und Peter M. Gollwitzer haben ein so genanntes «Rubikonmodell der Handlungsphasen» entwickelt, das einzelne Handlungsschritte in vier formelle Phasen einteilt. Die Beachtung dieser Phasen kann eine Hilfe sein, innere Blockaden überwinden zu können. Die erste Phase ist demnach das Abwägen der Handlungsmöglichkeiten einschließlich der Wahl einer davon und der entscheidenden Festlegung auf sie. Diese Phase ist sicherlich vorentscheidend. Man sollte gründlich die Vor- und Nachteile der Varianten ins Auge fassen.

Mir hat sehr geholfen, neben dem Plan A auch einen Plan B zu haben. Meine Frau hat mich ermutigt, die Vorteile meiner jetzigen Arbeit und die damit verbundenen Begegnungen niederzuschreiben. Damit hatte ich eine Liste in der Hinterhand, die mich manchmal sogar ins Grübeln brachte, ob ich mich überhaupt verändern wollte. Nach der verlorenen Wahl war sie mir deshalb wertvoll, weil ich dadurch nicht in ein mentales Loch gefallen bin. Ich kann aus diesem Grund jedem Leser und jeder Leserin vor einer Weggabelung empfehlen, eine Tabelle mit den jeweiligen Möglichkeiten anzulegen und die Kriterien auch zu bewerten. Außerdem sollte der Rat guter Freunde, Weggefährten oder auch Experten für den ins Auge gefassten Weg herangezogen werden. Die Empfehlungen anderer sollten nicht alleine ausschlaggebend sein, dürfen aber auch nicht außer Acht gelassen werden. Schließlich sollte ein innerer Frieden vor einem Entschluss einkehren. Eine letzte Ungewissheit wird vielleicht bleiben, aber man sollte mit sich im Reinen sein.

Jesus Sirach beschreibt im gleichnamigen alttestamentlich-apokryphischen Buch diesen Sachverhalt wie folgt: «Bleibe bei dem, was dir dein Herz rät; denn du wirst keinen treueren Ratgeber finden. Denn mit seinem Herzen kann ein Mann oft mehr erkennen als sieben Wärter, die oben auf der Warte sitzen. Doch bei alledem rufe den Allerhöchsten an, dass er dein Tun gelingen und nicht fehlschlagen lässt» (Sirach 37,17–19; LUT).

Nach einer Zeit der Überlegung gilt: *Jetzt* ist die Zeit der Entscheidung! Das Beste ist, man trifft diese zeitnah und schnell. Natürlich kann und soll man eine oder mehrere Nächte darüber schlafen, doch dann ist Handeln angesagt. Schiebt man die Entscheidung zu lange hinaus, wird in der Regel über einen entschieden und man hat das Heft des Handelns nicht mehr in der Hand.

Die zweite Phase ist das konkrete Planen der getroffenen Entscheidung. Es geht nicht mehr um das *Was*, sondern nur noch um das *Wie*. Auch diese Phase sollte geprägt sein von gründlichem Nachdenken.

Die dritte Phase schließlich ist erst die reale Durchführung der Entscheidung in ein konkretes Handeln. Jetzt wird der Rubikon auch öffentlich überschritten, obwohl man gedanklich schon auf der anderen Seite war. Diese Phase sollte davon geprägt sein, dass der Handelnde sich nicht ablenken lässt, sondern sich geradewegs auf das Ziel hin bewegt. Der Handlungsverlauf kann und muss auftretenden Schwierigkeiten angepasst werden.

Jetzt gilt es, volle Konzentration aufzubringen und das Beste aus sich herauszuholen. Ein zögerlicher Blick zurück kann zum Straucheln oder sogar zum Scheitern führen. Davon zeugt die bekannte Geschichte von Lots Frau im 1. Mosebuch, die das untergehende Sodom mit ihrer Familie eiligst verließ, zurückblickte und zur Salzsäule erstarrte. Über die Gründe, die Lots Frau veranlassten, eine klare Anweisung Gottes nicht zu befolgen, kann nur spekuliert werden. «Lauft jetzt, so schnell ihr könnt! Es geht um euer Leben! Bleibt nicht stehen und *schaut nicht zurück!* Rettet euch auf die Berge, sonst seid ihr verloren!» (1. Mose 19,17; GNB; Hervorhebung von mir). Lots Frau tat es dennoch, vielleicht aus Gründen der Neugier, der Wehmut oder der Angst vor dem Kommenden. Ihr Herz scheint jedenfalls mit der Stadt noch zu sehr verhaftet gewesen zu sein.

Wenn neue Aufgaben in unserem Leben auftauchen und wir uns für den neuen Weg entschieden haben, kann ein wehmütiger Blick zurück unser bisher erfrischendes Auftreten in eine angstvolle Starre versetzen. Als Jesus seine Jünger und damit seine engsten Vertrauten und Mitarbeiter berief, sagte er ein ähnlich drastisches Wort: «Wer seine Hand an den Pflug legt und zurückschaut, den kann Gott nicht gebrauchen, wenn er jetzt seine Herrschaft aufrichten will» (Lukas 9,62; GNB).

Zurückschauen beeinträchtigt die Vorwärtsbewegung. Das weiß jeder Autofahrer und jeder Radfahrer. Lassen wir den Rubikon zurück, und wenden wir uns nicht um. Das Ziel liegt am Horizont, nicht im Ausgangspunkt.

Ein besonders dramatisches Beispiel für die Unwiderruflichkeit eines Schrittes ist das Geschehen um das Hitler-Attentat am 20. Juli 1944. Es war ein langer Prozess, bis sich der deutsche Offizier Claus Graf von Stauffenberg zum Tyrannenmord durchgerungen hatte. Nach seiner inneren Abkehr vom Regime folgte eine Phase der Planung. «Es ist Zeit, dass jetzt etwas getan wird. Derjenige allerdings, der etwas zu tun wagt, muss sich bewusst sein, dass er wohl als Verräter in die deutsche Geschichte eingehen wird. Unterlässt er jedoch die Tat, dann wäre er ein Verräter vor seinem eigenen Gewissen.» Bis zum Attentat selbst war der Rubikon erst im innersten Zirkel des Widerstands überschritten. Mit dem fehlgeschlagenen Bombenattentat und der ausgelösten «Operation Walküre» war der Rubikon dann aber auch äußerlich überschritten. Ein Zurück war nicht mehr möglich. Im Unterschied zu Caesars Unternehmen der Machtergreifung in Rom scheiterten Stauffenberg und seine Getreuen leider. Sie bezahlten ihren Umsturzversuch fast alle mit dem Leben. Trotz ihres Scheiterns wurden sie zum Symbol für ein besseres Deutschland und für die Zivilcourage einzelner Menschen, auf der in der Nachkriegszeit aufgebaut werden konnte.

Am Ende steht die vierte Phase: die Bewertung der Zielerreichung beziehungsweise der Zielnichterreichung. Sie ist vor allem im negativen Falle wichtig und kann mithelfen, dass aus empfundenen und tatsächlichen Niederlagen doch noch Erfolge werden. Oft kann man – um bei diesem Beispiel zu bleiben – aus misslungenen Wahlkampfauftritten lernen, wie es beim nächsten Mal besser gemacht werden muss. Der langjährige baden-württembergische Ministerpräsident Erwin Teufel sagte einmal im Hinblick auf seine frühe Wahl zum Bürgermeister in Spaichingen, dass er im Falle einer Niederlage noch mindestens zweimal woanders angetreten wäre. Erst dann hätte er diesen Berufswunsch ad acta gelegt. Viele erfolgreiche Politiker haben in ihrem politischen Leben herbe Niederlagen einstecken müssen und sind gerade darin gereift. Stauffenberg wurde zu einem posthumen Helden, obwohl seine Mission 1944 gescheitert war.

Elisas unsichtbares Heer

Nicht nur die Angst vor einem Scheitern hindert viele Menschen daran, Herausforderungen anzugehen. Auch die zu bewältigenden Aufgaben an sich erscheinen vielen schon als unüberwindbare Berge. Mitkonkurrenten um einen Job stellen sich einem plötzlich als schier unbesiegbare Streiter dar. Sich selbst empfindet man in diesem Zusammenhang als kleinen Zwerg. Das Herz rutscht im Angesicht der Entscheidung immer mehr in die Hose. Der Rubikon wird schon deshalb nicht überschritten, weil er als zu tief und das Kommende auf der anderen Seite des Ufers als zu unsicher empfunden wird.

In der Bibel wird von einer solchen Situation in der Geschichte des Volkes Israel berichtet. Mose hatte die Israeliten vom Berg Horeb aus der Wüste Sinai an die Grenze des Gelobten Landes geführt. Nach den Jahrhunderten der Unterdrückung in Ägypten war das Ziel der Freiheit erreicht worden. Man sollte meinen, die Israeliten hätten begeistert das Land voll fließendem Honig in Beschlag genommen. Das 5. Mosebuch berichtet allerdings, dass die Israeliten schlotternde Knie vor den im Weg stehenden Amoritern bekamen und aufgrund von Kundschafterberichten von ihrem Vorhaben abließen. «Warum sollten wir den Amoritern freiwillig in die Arme laufen? Die Kundschafter haben uns allen Mut genommen. Sie haben gesagt, dass die Menschen dort stärker und größer sind als wir. Ihre Städte sind Festungen, die bis zum Himmel reichen!

Auch die Anakiter leben dort; sie sind Riesen!» (5. Mose 1,28; HFA). Alles gute Zureden des Mose half nichts. Die Israeliten kehrten verzagt um und machten sich auf den Weg in Richtung Schilfmeer, durch das sie gerade durchgezogen waren.

Geht es uns angesichts von Herausforderungen nicht manchmal genauso? Das Ziel steht vor Augen, doch türmen sich Schwierigkeiten auf. Lieber glaubt man Ratgebern, die zur Zurückhaltung neigen, als anderen, die zum Aufbruch blasen. Der Rubikon wird nicht überschritten. Das Zögern wird zur eigenen Rechtfertigung sogar als Stärke ausgelegt.

In solchen Situationen ist es hilfreich, sich eine weniger bekannte Episode aus dem Leben des Propheten Elisa vor Augen zu führen, von der im 2. Königebuch erzählt wird. Elisa lebte im 9. Jahrhundert vor Christus im Nordreich Israel und war der Nachfolger des bekannteren Elia. Zu dieser Zeit gab es einen Krieg zwischen den Aramäern und den Israeliten. Der König der Aramäer jagte Elisa auch persönlich, da von ihm gesagt worden war, dass er den König von Israel durch seine prophetische Gabe vor der Kriegsstrategie der Aramäer warne. Die aramäischen Häscher machten sich an die Arbeit und stellten den Propheten in einer Stadt namens Dothan. «Da sandte [der König] Pferde und Kriegswagen dorthin [nach Dothan] und ein starkes Heer. Und sie kamen bei Nacht und umringten die Stadt» (2. Könige 6,14; ELB). Elisa saß in der Falle. Den wenigen Unterstützern des Propheten wurde dies angesichts der Lage schnell klar: «Und als der Diener des Mannes Gottes früh aufstand und hinausging, siehe, da umringte ein Heer die Stadt und Pferde und Kriegswagen. Und sein Diener sagte zu ihm: Ach, mein Herr! Was sollen wir tun?» (2. Könige 6,15; ELB). Diese Aufgabe konnte nicht gemeistert werden. Wie sollte ein Ausbrechen aus der Blockade gelingen?

Elisas Situation war nicht nur ungemütlich, sondern hoffnungslos. Die Niederlage zeichnete sich ab. Es ging um Leben und Tod. Wie aber reagierte Elisa? «Fürchte dich nicht», entgegnete er seinem Freund, «denn derer sind mehr, die bei uns sind, als derer, die bei ihnen sind» (2. Könige 6,16; LUT). «Was soll denn diese geheimnisvolle Bemerkung?», mag der Diener gedacht haben. Geht es uns angesichts von Herausforderungen nicht genauso? Die Felle scheinen davonzuschwimmen. Die Konkurrenten zum Beispiel im gegnerischen Fußballteam scheinen fitter, technisch besser und subjektiv sogar in Überzahl zu sein. Wer sind wir schon? Wer steht uns bei?

Für Christen sollte sich diese Frage nicht stellen. Das Leben in der Gegenwart Gottes befreit zwar in keinster Weise von Niederlagen oder Krisen, doch gehen wir diesen Weg nicht alleine.

Martin Luther vergleicht unser Leben mit einer Schifffahrt, für deren Bewältigung wir einen starken Steuermann an Bord lassen sollen. «Dieser unser Steuermann ist allein Gott, der das Schiff nicht nur erhalten will, sondern auch kann, auf dass es, ob es gleich von ungestümen Wellen hin und her geworfen wird, gleichwohl sicher und unversehrt in den Hafen kommen möge. Er hat uns aber verheißen, dass er uns beistehen will, wenn wir ihn nur um Regierung und Hilfe bitten. Und solange wir diesen Schiffsherrn bei uns haben und behalten, so kommen wir aus aller Heftigkeit der Stürme und aus den Wogen sicher heraus.»

Gottes Gegenwart wird Elisa ersichtlich. In einer Schau oder Vision öffnen sich für ihn minutenlang die Dimensionen, die ansonsten den Menschen in seinen Sinnen festhalten.

«Und Elisa betete und sagte: Herr, öffne doch seine [des Dieners] Augen, dass er sieht! Da öffnete der Herr die Augen des Dieners, und er sah. Und siehe, der Berg war voll von feurigen Pferden und Kriegswagen um Elisa herum» (2. Könige 6,17; ELB). Die vermeintliche Chancenlosigkeit entpuppt sich beim näheren Hinsehen als unbegründet. Auf der Seite der Gottesmänner steht ein ansonsten unsichtbarer Schutz. Gottes Gegenwart ist erlebbar vor allem in Situationen, die wir als misslich und bedrohlich empfinden. Aber Vorsicht: Es geht nicht um ein plumpes «Gott mit uns», das noch im Ersten Weltkrieg die verschiedensten Kriegsparteien für sich reklamierten. Gottes Gegenwart ist keinesfalls manipulierbar. Sie ist nicht erzwingbar. Sie sagt noch nichts darüber aus, wie letztlich die Situation für uns endet.

Dennoch dürfen wir damit rechnen, in solchen Phasen extremer Belastung nicht im Stich gelassen zu werden. Gerade diese Gewissheit der Nähe Gottes und seiner Welt lässt auch ein Scheitern erträglicher werden. Immerhin hat er ein solches Erleben zugelassen. Vielleicht sollten auf diese Weise Träume und Illusionen platzen, die für uns – von höherer Warte aus betrachtet – nicht von Vorteil gewesen wären.

Hat man für sich aber erkannt, dass eine Entscheidung reif ist, sollte der Rubikon überschritten und die Aufgabe in Angriff genommen werden. Selbst im Falle eines vermeintlichen Scheiterns lehrt eben die Geschichte des Elisa in Dothan, dass wir uns immer noch in der Hand Gottes befinden und er letztlich etwas Gutes daraus machen will.

Liest man das 2. Königebuch weiter, erfährt man, dass für Elisa die Geschichte schließlich gut ausgegangen ist. Er wurde aus der Umklammerung gerettet.

Auch die Israeliten hatten schlussendlich nach längerem Zögern ihre Scheu abgelegt, das Gelobte Land zu betreten. Es bedurfte einer flammenden Rede des Mosenachfolgers Josua, um das Volk letztlich zu überzeugen. Die in diesem Zusammenhang gemachte Zusage Gottes an Josua dürfen auch wir uns zu eigen machen: «Siehe, ich habe dir geboten, dass du getrost und unverzagt seist. Lass dir nicht grauen und entsetze dich nicht; denn der Herr, dein Gott, ist mit dir in allem, was du tun wirst» (Josua 1,9; LUT).

Das Josuabuch berichtet während des folgenden Weges in Richtung Jericho von einer geheimnisvollen Begegnung Josuas mit dem «Fürsten über das Heer des Herrn», wie die Lutherbibel die Gestalt mit einem Schwert übersetzt. Andere Bibelübersetzungen sprechen von dem Anführer, Oberbefehlshaber oder Kommandeur über das Heer des Herrn.

Diese Begegnung (vermutlich mit dem Erzengel Michael) bleibt letztlich im Dunkeln. Grenzerfahrungen wurden und werden zuweilen von Menschen gemacht, wenn sie sich in Ausnahmesituationen befinden. Bekannt sind Berichte von unerklärlichen Begegnungen in Zeiten der Weltkriege. In Israel hat während des Gaza-Krieges zu Beginn des Jahres 2009 eine von Rabbinern als glaubhaft bezeichnete Geschichte Furore gemacht, wonach die Erzmutter Rachel verschiedenen Frontsoldaten zum Schutz erschienen sein soll (wie immer man das nun werten will ...).

Ausnahmesituationen sind für uns persönlich immer auch in die Tat umgesetzte Entscheidungen an Weggabelungen unseres Lebens. Nicht vergessen werden darf in solchen Momenten der Anspannung, dass wir auf der anderen Seite des Rubikons den Weg nicht alleine gehen – auch wenn sich keine spektakulären Ereignisse einstellen sollten.

Gideons Himmelfahrtskommando

An dieser Stelle sei ein weiterer Aspekt beleuchtet, der Menschen betreffen kann, die wichtige Entschlüsse gefasst haben, auf dem Weg zum Ziel aber an Kraft verlieren. Diese Empfindung ist nichts Außergewöhnliches. Als Caesar den Rubikon überschritten hatte, warteten noch etliche hundert Kilometer Wegstrecke bis zur ewigen Stadt Rom. Viele Gefahren und vor allem sein Rivale Pompeius mussten noch überwunden werden.

Trotz allem sorgfältigen Überlegen und Abwägen vor einer Weggabelung über die bevorstehenden Möglichkeiten wird einem erst auf dem Weg selbst klar, welche Investitionen noch bis zum Ziel zu tätigen sind. Dass in Anbetracht dieser auf dem Weg lauernden Risiken das Ziel verfehlt werden könnte, musste der britische Formel-1-Rennfahrer Lewis Hamilton während seiner beiden letzten Fahrten in der Rennsaison 2007 feststellen. Nach dem drittletzten Grand Prix in Japan lag der junge Rennfahrer sensationell fast uneinholbar in der Fahrerwertung in Führung. Noch zwei Rennen trennten Hamilton vom Weltmeistertitel. Eine Mischung aus Pech, vielleicht auch Nervosität und Unerfahrenheit machten dem erstmals in der Formel 1 startenden Talent einen Strich durch die Rechnung. In China rutschte er, in Führung liegend, ins Kiesbett und musste aufhören. In São Paulo reichte es nach einem miserablen Start wiederum nur zu einem siebten Platz. Dazu kam, dass drei vor ihm liegende Fahrer mit unzulässiger Benzintemperatur fuhren und damit einen Vorteil gegenüber dem Briten hatten. Trotz diverser erhobener Einsprüche in dieser dann später als «Benzin-Affäre» bekannt gewordenen Angelegenheit – bei einer Disqualifikation dieser Fahrer wäre Hamilton Weltmeister gewesen – wurde Hamilton quasi auf der Ziellinie durch den finnischen Rennfahrer Kimi Räikkönen hauchdünn abgefangen. Hamilton blieb im ersten Anlauf der zweite Platz. Welcher Ausnahmefahrer Hamilton ist, bewies er in der Saison 2008, die er dann doch als Weltmeister abschloss.

Die Angst, das Ziel zu verfehlen, dürfte nicht wenigen in unterschiedlichsten Situationen schon gekommen sein. Eine besonders eindrückliche Geschichte erzählt die Bibel über den Richter Gideon, der das Volk Israel aus der Hand der feindlichen Midianiter rettete. Dieser in der syrisch-arabischen Wüste lebende Nomadenstamm beherrschte die Israeliten und hatte diese tributpflichtig gemacht. Schon die Berufungsgeschichte des jungen Gideon zeigt, dass Gott Menschen, die sich auf den Weg machen, nicht alleine lässt:

«Und der Engel des Herrn kam und setzte sich unter die Eiche bei Ofra; die gehörte Joasch, dem Abiësriter. Und sein Sohn Gideon drosch Weizen in der Kelter, damit er ihn berge vor den Midianitern. Da erschien ihm der Engel des Herrn und sprach zu ihm: Der Herr mit dir, du streitbarer Held! Gideon aber sprach zu ihm: Ach, mein Herr! Ist der Herr mit uns, warum ist uns dann das alles widerfahren? Und wo sind alle seine Wunder, die uns unsere Väter erzählten und sprachen: Der Herr hat uns aus Ägypten geführt? Nun aber hat uns der Herr verstoßen und in die Hände der Midianiter gegeben. Der Herr aber wandte sich zu ihm und sprach: Geh hin in dieser deiner Kraft; du sollst Israel erretten aus den Händen der Midianiter. Siehe, ich habe dich gesandt! Er aber sprach zu ihm: Ach, mein Herr, womit soll ich Israel erretten? Siehe, mein Geschlecht ist das geringste in Manasse, und ich bin der Jüngste in meines Vaters Hause. Der Herr aber sprach zu ihm: Ich will mit dir sein, dass du die Midianiter schlagen sollst wie *einen* Mann» (Richter 6,11–16; LUT).

Gideon ist trotz der wundersamen Begegnung mit dem Engel nicht überzeugt. Alle wären für diesen Job besser geeignet als er, so lautet seine Überzeugung. In seiner in Richter 6 bis 8 aufgeschriebenen Geschichte gibt es hin und wieder Situationen, in denen Gideon um ein Zeichen bittet. Er will sich sicher sein, dass sein Weg der richtige ist.

Sein großer Kampf gegen die Unterdrückung durch die Midianiter ist eine gewaltige Aufgabe. Wiederum bittet Gideon um ein Zeichen, eine bevorstehende Entscheidungsschlacht gegen den Feind bestehen zu können. Gideon scheint trotz der göttlichen Botschaften für ihn noch immer unsicher zu sein. Gott stellt in der Folge Gideon und das Volk Israel auf die Probe. Er befiehlt Gideon, Teile seines laut Bibel 22 000 Mann großen Heeres vor der entscheidenden Auseinandersetzung mit den Midianitern nach Hause zu schicken. «Du hast zu viele Soldaten! Diesem großen Heer will ich nicht den Sieg über die Midianiter schenken! Sonst werden die Israeliten mir gegenüber prahlen: ‹Wir haben uns aus eigener Kraft befreit!›» (Richter 7,2; HFA). So halbierte Gideon die Truppen und schickte die Ängstlichen und Unwilligen nach Hause. Dass der Gegner zumindest jetzt zahlenmäßig überlegen war, wird in deutlichen Bildern vor Augen geführt. Die Midianiter werden zusammen mit den verbündeten Amalekitern mit einem Heuschreckenschwarm verglichen, der sich im Tal ausgebreitet habe und Kamele so viele wie Sand am Meer mit sich führe. Wurden dem dezimierten Heer und seinem General Gideon nicht schon jetzt die Knie weich, dürften sie mit der nächsten Aufforderung Gottes sicherlich noch mehr gehadert haben. «Es sind immer noch zu viele! Führ sie zur Quelle hinab. Ich will dort selbst noch einmal auswählen. Ich werde dir sagen, wer mit dir ziehen soll und wer nicht» (Richter 7,4; HFA). Übrig blieben nach einer weiteren Auswahlprozedur dreihundert (!) Männer, mit denen Gideon den Feind angreifen sollte!

Wir kämpfen zwar heute – Gott sei Dank – in der Regel nicht gegen feindliche Truppen, doch können uns unerwartete Hindernisse vor der Erreichung eines Zieles in große Bedrängnis bringen. Unsere Feinde verstecken sich in vielen Fällen in uns selbst. Selbstzweifel, Ängste aller Art, Mutlosigkeit und Phlegmatismus können für unsere Seele feindliche Heere sein, die sich einem Ziel in den Weg stellen wollen.

Die Geschichte Gideons lehrt, dass einerseits das Ziel nicht aus den Augen gelassen werden darf und dass andererseits das Ablegen vermeintlicher Hilfsmittel und unnötigen Ballasts zu mehr Schlagkraft oder Energie führen kann. Gideon kann seinen Auftrag ausführen. Zunächst hört er aus dem Lager des Feindes, dass die Midianiter Respekt und Angst vor den Israeliten hatten. So wagte er den nächtlichen Überraschungsangriff und schlug mit seinen wenigen Männern den Feind in die Flucht. Wie die legendären dreihundert Spartaner des Leonidas warfen sich die dreihundert Israeliten Gideons todesmutig in die Schlacht. «Wir kämpfen für den Herrn und für Gideon!» (Richter 7,18; HFA).

Die Grundmotivation muss auch für das Erreichen unserer Ziele klar definiert sein. Was will ich warum erreichen? Gideons Erfolg zeigt, dass der Weg zum Ziel durchaus steinig sein kann. Im Falle Gideons war es sogar eine bewusste Probe, mit der Gott das Volk Israel und seinen Richter Gideon prüfen wollte.

In welchen Fällen dies in unserem Leben auch zutrifft, muss individuell geprüft und entschieden werden. Die Geschichte Gideons, die mit einem vierzigjährigen Frieden für das Volk Israel endet, zeigt jedenfalls, dass eine Zielerreichung ein dornenreicher Weg sein kann.

Gideon selbst regierte noch viele Jahre die Israeliten als

Richter. Doch blieb er nicht frei von fatalen Fehlern. Trotz der Offenbarungen Gottes ließ er nach seinen Siegen gegen die feindlichen Heere auch eine goldene Götzenstatue anfertigen, die letztlich seiner Familie zum Verhängnis wurde. Vielleicht wollte er nur einem alten Brauch in seiner Familie Genüge tun, doch führte sein Beispiel die Israeliten letztlich zum Götzenkult zurück, was verheerende Auswirkungen hatte.

Nicht durch Heer oder Kraft

Manche Menschen versuchen, ihre Ziele auf Biegen und Brechen zu erreichen. Sie gleichen nicht denjenigen, die zaghaft nach vorne gehen und unterwegs den Mut verlieren. Diese Menschen haben das Ziel klar im Visier, schauen aber nicht nach links oder rechts und übersehen dabei Hürden, die sich als unüberwindbar herausstellen können. Häufig endet ein solches Anrennen des Kopfes gegen die Wand nicht mit dem erhofften Durchbruch, sondern mit einem abrupten Ende aller Träume. Niederlagen werden nach einem solchen Vorgehen als nicht einkalkulierte und als völlig ungerechtfertigte Katastrophen empfunden, obwohl sie sich doch am Horizont abgezeichnet hatten.

Solchen Charakteren, die einerseits draufgängerisch, andererseits in nicht wenigen Fällen empfindsam sind, sei die Lektüre der Visionen des Propheten Sacharja empfohlen. Sacharja war ein Prophet im alten Israel, der nach der Rückkehr aus dem babylonischen Exil aufgetreten ist. Knapp zwanzig Jahre nach der Rückkehr war bei den Juden die Hoffnung auf einen schnellen Wiederaufbau ihres Reiches verflogen. Schwierigkeiten verschiedenster, auch hausgemachter Art hatten ein rasches Wiederaufblühen des jüdischen Lebens verhindert. Die Botschaft des Propheten war klar: Innere und äußere Hindernisse zu einem neuen Wohlergehen sollten aus dem Weg geräumt werden, damit Israel zu Frieden und neuem Wohlstand geführt werden konnte. Sacharja spricht wohl in erster Linie die Führer des Volkes aus Babylon, Serubbabel und Josua, an.

Der aus dem Hause Davids stammende Serubbabel war laut des Esra-Buches von den Persern mit der Organisation der Rückkehr betraut, erhielt in Jerusalem den Titel eines Statthalters und begann dort, den jüdischen Tempel wieder aufzubauen. Angesichts dieser gewaltigen Aufgaben erhält Serubbabel durch eine Vision des Propheten Sacharja göttliche Unterstützung und Trost.

«Du hast Gewaltiges vor», könnte man dem folgenden Vers aus Sacharja 4,6 voranstellen, aber «*es soll nicht durch Heer oder Kraft, sondern durch meinen Geist geschehen*, spricht der Herr Zebaoth» (LUT; Hervorhebung von mir). Die «Hoffnung für alle»-Bibel übersetzt sinngemäß: «Was du vorhast, wird dir nicht durch die Macht eines Heeres und nicht durch menschliche Kraft gelingen: Nein, mein Geist wird es bewirken! Das verspreche ich, der Herr, der allmächtige Gott.» In den Folgeversen wird der Prophet noch konkreter: «Wer bist du, du großer Berg, der du doch vor Serubbabel zur Ebene werden musst?» (Sacharja 4,7; LUT).

Gott kann Unmögliches möglich machen. Er kann Berge von Problemen bewegen, die sich unüberwindbar vor uns aufgetürmt haben. Sicherlich stehen auch heute einige Menschen vor der Aufgabe, große Bauwerke, Brücken oder auch Kathedralen planen und bauen zu müssen. Doch haben die meisten Zeitgenossen mit anderen Problemen zu kämpfen. Arbeitslosigkeit, Familienstreit, Schulden, vielleicht sogar Suchtprobleme oder Krankheiten. Auch angesichts dieser Verstrickungen und Hindernisse ist das Wort des Sacharja aktuell: Nicht wir mit unserer Kraft, mit unserer Motivation oder mit unseren Möglichkeiten können letztlich den Weg erfolgreich beschreiten. Nein, SEIN Geist wird es bewirken. Wir dürfen auf himmlischen Beistand hoffen, gerade in den tiefsten Tiefen, in unseren Krisen und Niederlagen.

Und wenn wir dies nicht glauben können oder anders erfahren? Es bleibt uns der Schlüssel des Gebets, um die Himmelstür aufzuschließen. An späterer Stelle seines Buches ist bei Sacharja in der Ansprache an sein Volk zu lesen: «Bittet den Herrn, dass es regne zur Zeit des Spätregens, so wird der Herr, der die Wolken macht, euch auch Regen genug geben für jedes Gewächs auf dem Felde» (Sacharja 10,1; LUT). Gott will sein Volk angesichts des kommenden messianischen Friedensreiches froh und stark machen – das ist die Kernbotschaft des alttestamentarischen Propheten. «Und Ephraim soll sein wie ein Riese, und ihr [der Juden] Herz soll fröhlich werden wie vom Wein; ihre Söhne sollen's sehen und sich freuen, ihr Herz soll fröhlich sein über den Herrn» (Sacharja 10,7; LUT).

Ein Tipp für schwierige Phasen des Lebens: Personalisieren Sie solche Bibelstellen! Keine Angst, die Bibel ist ein interaktives Buch und erfüllt erst durch die persönliche Ansprache ihren tieferen Sinn. Es handelt sich deshalb nicht um eine Manipulation, wenn wir solche Texte auch auf uns heute beziehen. Nicht nur Ephraim, sondern auch Norbert (oder Ihr Name) soll sein wie ein Riese, unser heutiges Herz soll fröhlich sein …

Sacharja ist ein prophetisches Buch, das den Horizont weit über die damalige Geschichte des Volkes Israel hinaus ausweitet. Der Gott, der die Israeliten im Exil bewahrt und sie zurückgeführt hat, ist nicht nur der Herr des Nahen Ostens, sondern der ganzen Welt. Er ist der kommende und wiederkommende Herr. Dieser Gott hat viele hundert Jahre nach Sacharja ein menschliches Gesicht erhalten: Jesus Christus. «Du, Tochter Zion, freue dich sehr, und du, Tochter Jerusalem, jauchze! Siehe, dein König kommt zu dir, ein Gerechter und ein Helfer, arm und reitet auf einem Esel, auf einem Füllen der Eselin. Denn ich will die Wagen wegtun aus Ephraim und die Rosse aus Jerusalem, und der Kriegsbogen soll zerbrochen werden. Denn er wird Frieden gebieten den Völkern, und seine Herrschaft wird sein von einem Meer bis zum andern und vom Strom bis an die Enden der Erde» (Sacharja 9,9–10; LUT).

Das Micha-Prinzip

Zum guten Schluss nochmals zurück zum Micha-Prinzip. Micha war einer der so genannten «Kleinen Propheten» des Alten Bundes. Er lebte im 8. vorchristlichen Jahrhundert zur Zeit des Propheten Jesaja. Biografische Daten sind von ihm nicht bekannt – außer dass er aus Moreschet-Gad stammt. In seiner Botschaft prangert er kompromisslos soziale Missstände an, insbesondere die schleichende Enteignung der kleinen Bauern. «Sie reißen Äcker an sich und nehmen Häuser, wie sie's gelüstet. So treiben sie Gewalt mit eines jeden Hause und mit eines jeden Erbe» (Micha 2,2; LUT). Seinen Gegnern und den sie deckenden politischen und religiösen Oberschichten, die meinen, Gottes Beistand durch das bloße Vorhandensein des Tempels und des liturgischen Tempeldienstes gepachtet zu haben, prophezeit er den Untergang Jerusalems: «Darum wird Zion um euretwillen wie ein Acker gepflügt werden, und Jerusalem wird zu Steinhaufen werden und der Berg des Tempels zu einer Höhe wilden Gestrüpps» (Micha 3,12; LUT).

Michas Botschaft ist aber nicht nur eine Androhung drakonischer Strafen oder schlimmer Katastrophen. Seine Ankündigungen von Strafe wechseln mit Worten des Heils und der Zuversicht. Letztere rücken ein kommendes Friedensreich in den Mittelpunkt, das von dem in Bethlehem geboren werdenden Messias gegründet wird. «Und du, Bethlehem Efrata, die du klein bist unter den Städten in Juda, aus dir soll mir der kommen, der in Israel Herr sei, dessen Ausgang von Anfang und von Ewigkeit her gewesen ist» (Micha 5,1; LUT). Michas Forderung gipfelt in dem Vers: *«Es ist dir gesagt, Mensch, was gut ist und was der Herr von dir fordert, nämlich Gottes Wort halten und Liebe üben und demütig sein vor deinem Gott»* (Micha 6,8; LUT).

Im letzten Kapitel seines Buches formuliert Micha eine Art Trostgebet, das wie ein Psalm gebetet oder gelesen werden kann. Micha erlaubt uns einen Blick in die Gefühlswelt seines Herzens: «Ach, es geht mir wie einem, der Obst pflücken will, der im Weinberge Nachlese hält, da man keine Trauben findet zu essen, und ich wollte doch gerne die besten Früchte haben! Die frommen Leute sind weg in diesem Lande, und die Gerechten sind nicht mehr unter den Leuten. Sie lauern alle auf Blut, ein jeder jagt den andern, dass er ihn fange. Ihre Hände sind geschäftig, Böses zu tun. Der Fürst und der Richter fordern Geschenke. Die Gewaltigen reden nach ihrem Mutwillen, um Schaden zu tun, und drehen's, wie sie wollen …

Niemand glaube seinem Nächsten, niemand verlasse sich auf einen Freund! Bewahre die Tür deines Mundes vor der, die in deinen Armen schläft! Denn der Sohn verachtet den Vater, die Tochter widersetzt sich der Mutter, die Schwiegertochter ist wider die Schwiegermutter; und des Menschen Feinde sind seine eigenen Hausgenossen. Ich aber will auf den Herrn schauen und harren auf den Gott meines Heils; mein Gott wird mich erhören.

Freue dich nicht über mich, meine Feindin! *Wenn ich auch daniederliege, so werde ich wieder aufstehen; und wenn ich auch im Finstern sitze, so ist doch der Herr mein Licht …*

Es kommt der Tag, da werden deine Mauern gebaut werden, da wird weit werden deine Grenze, da werden sie von Assur und von den Städten Ägyptens zu dir kommen, von Ägypten bis an den Euphrat, von einem Meer zum andern, von einem Gebirge zum andern. Denn die Erde wird wüst sein ihrer Bewohner wegen, um der Frucht ihrer Werke willen.

Du aber weide dein Volk mit deinem Stabe, die Herde deines Erbteils, die da einsam wohnt im Walde, mitten im fruchtbaren Lande; lass sie in Baschan und Gilead weiden wie vor alters! Lass uns Wunder sehen wie zur Zeit, als du aus Ägyptenland zogst …

Wo ist solch ein Gott, wie du bist, der die Sünde vergibt und erlässt die Schuld denen, die übrig geblieben sind von seinem Erbteil; der an seinem Zorn nicht ewig festhält, denn er ist barmherzig! Er wird sich unser wieder erbarmen, unsere Schuld unter die Füße treten und alle unsere Sünden in die Tiefen des Meeres werfen. Du wirst Jakob die Treue halten und Abraham Gnade erweisen, wie du unsern Vätern vorzeiten geschworen hast» (Micha 7 in Auszügen; LUT; Hervorhebungen von mir).

Micha ist einerseits der Überbringer schlimmer Prophezeiungen, die sich mit der Eroberung Jerusalems durch Nebukadnezar II. bewahrheiten, andererseits ist er auch ein einfühlsamer Prophet, der um das Wohlergehen seines Volkes ringt. Der Blick auf das bevorstehende Friedensreich und den kommenden Messias lässt ihn letztlich auch selbst nicht verzweifeln.

Die von mir als «Micha-Prinzip» bezeichnete Leitlinie ist diesem Hoffen auf die Zukunft Gottes entnommen. Sie kann uns auch heute eine Hilfe und ein Zuspruch sein, uns, die wir viele tausend Jahre später als Micha und doch im Angesicht des gleichen Gottes leben. Das Prinzip ist unterteilbar in vier Schritte oder Kreise, die sich zum Teil überschneiden:

1. **Auf Gott schauen**
   («Ich aber will auf den Herrn schauen»)
   Wenn Sie sich mitten in einer Misere befinden, eine unverhoffte Niederlage eingesteckt oder eine Abfuhr am Arbeitsplatz erhalten haben, lenken Sie Ihren Blick für einmal weg von sich. Entscheidend ist dieser Perspektivenwechsel. Schauen Sie nach oben, und entdecken Sie

die Weite des Himmels, der Schöpfung und damit des Schöpfers. Wie bei Micha sollte der Blick auf den Messias gerichtet werden. In ihm, in Jesus Christus, hat dieser unendliche und geheimnisvolle Gott ein Gesicht bekommen. Er hat den Blick des Vaters aus dem Gleichnis des verlorenen Sohns, als dieser sah, dass sein Sohn zurückkehrte.

2. **Den Schmerz im Angesicht Gottes aushalten**
(«Ich will harren auf den Gott meines Heils»)
Dies ist vielleicht die schwierigste Phase. Niederlagen bringen Schmerzen, Trauer und Wut in unser Leben. Diese Begleiterscheinungen können nicht einfach ausgeblendet werden. In einer Phase der Ruhe sollen diese Dinge aufgearbeitet werden – vielleicht auch mit anderen Menschen gemeinsam.

3. **Den Augenblick wahrnehmen**
(«Wenn ich auch daniederliege»)
Niederlagen sind keine Festveranstaltungen. Sich dieser Situation bewusst zu werden, ist aber nötig für das weitere Leben. Viele Menschen verdrängen diese Augenblicke, die sie als Demütigung empfinden. Sie fliehen davor oder versuchen diese Momente umzudeuten. Niederlagen bleiben aber Niederlagen. Interessant auch die verschiedenen Bibelübersetzungen. *Ich bin gefallen*, steht in der Elberfelder Bibel; *ich liege am Boden*, schreiben die «Hoffnung für alle» und die Einheitsübersetzung. Immer wird klar, dass etwas passiert ist, das unangenehm ist. Denn …

4. **Aufstehen**
(«So werde ich wieder aufstehen»)
Klar ist, dass es im Angesicht Gottes kein Liegenbleiben gibt. Gott lässt nach der Nacht immer einen Morgen für mich anbrechen. Wenn die Punkte 1 bis 3 beherzigt wer-

den, können ungerade Wege am Ende doch gerade werden. Eine schlimme Krise wird zur Chance, ein Holzweg kann sogar in einen persönlichen Königsweg münden. Wichtig aber ist: Nicht liegenbleiben, sondern aufstehen! Micha sieht am Horizont die Zerstörung seines geliebten Jerusalems und weiß dennoch, dass diese Stadt wieder in neuem Glanz erscheinen wird. Wir sind angehalten, Niederlagen abzuhaken und dann nach vorne zu gehen.

Wenn ich auch im Finstern sitze, so ist doch der Herr mein Licht, sagt Micha. Die Umstände sind zwar bedauerlich und misslich, doch erhellt das Angesicht Gottes auch die dunkelste Tiefe. Alle vier Punkte haben vor allem auch einen aktiven Aspekt: *Auf Gott schauen* ist eine bewusste Handlung, *den Schmerz aushalten* und *den Augenblick wahrnehmen* bedürfen vielleicht sogar einer gesonderten Einübung. *Das Aufstehen* ist eine Abfolge unseres körperlichen Bewegungsapparats. Aber nicht in dem Sinne, wie ihn im Januar 2009 der Stuttgarter Fußballtrainer Markus Babbel seinen Spielern nach einer schlimmen Pokalpleite gegen Bayern München mitgegeben hat: «Wir sind hingefallen, jetzt müssen wir wieder aufstehen und Leidenschaft zeigen», sagte der Trainer des VfB Stuttgart. Dies ist aus sportlicher Sicht richtig. Das Aufstehen im Sinne Michas ist allerdings mehr. Gemeint ist ein Aufstehen an der Hand Gottes, der uns in Jesus Christus an der Seite steht und uns mit seiner starken Hand emporzieht.

Gerne möchte ich auch versuchen, das Micha-Prinzip bildlich darzustellen. Die Form einer Pyramide ist diesbezüglich hilfreich, weil sie zum einen nach oben zeigt, zum anderen in ihren Stufen aufeinander aufbaut. So kann auf bildliche Weise die Aussage untermauert werden:

Aufstehen kann ich nur, wenn ich mir der vorangegangenen Stufen bewusst bin. Alle vier Stufen sind ineinander verwoben und bedingen einander. Das Aufstehen ist die entscheidende letzte Handlung, die wie die Spitze eines Eisbergs nach außen letztlich zum Tragen kommt.

Nachwort

Kürzlich hat unser mittlerer Sohn Konstantin bei einem Rennen seines Skikurses den dritten Platz erreicht. Obwohl er auf dem Siegertreppchen stehen durfte, war er untröstlich, dass sein Bruder Benedikt den ersten Platz erklimmen konnte. Konstantin weinte bitterlich und konnte nur mit Mühe getröstet werden. Geholfen hat ihm vor allem ein Perspektivenwechsel. Nicht, dass er den Sieg verpasst hat, stand schließlich im Vordergrund. Für ihn entscheidend war, dass er es überhaupt auf das Siegertreppchen geschafft und noch einige hinter sich gelassen hatte. Auch half ihm, dass er im Ansehen vor mir, seinem Vater, in nichts dem Sieger nachstand. Meine Wertschätzung galt ihm als Dritten gleichermaßen. Letztlich fasste er Mut und blickte schon bald hoffnungsfroh auf den nächsten Kurs, in dem er dann eine neue Chance erhalten würde.

Zeiten der Niederlage sind Zeiten der Rückbesinnung auf das Wesentliche. Henry Nouwen sagte einmal: «Dort, wo wir verwundet sind, wo wir gebrochen sind, sind wir aufgebrochen für Gott.» Entscheidend ist der Umgang mit solchen Zeiten. Nutzen wir solche Tage, Wochen oder auch Monate im Sinne Michas, können wir neuen Mut fassen. Im neuen Ausrichten auf Gott werden wir für uns und für andere neue Hoffnung schöpfen.

Ein mit mir befreundeter Unternehmer erlebte vor einigen Jahren den Zusammenbruch seiner florierenden Firmengruppe. Vorher schien Gott lange Zeit wirtschaftliches Arbeiten mit einem nicht zu bremsenden Wachstum zu segnen. «Wenn Gott für mich ist, wer soll wider mich sein?» (Römer 8,31), hätte man mit Paulus die Erfolgsstory kommentieren können. Den Seinen gibt es der Herr im Schlaf, ist im 127. Psalm zu lesen.

Viele Menschen interpretieren derartige Bibelstellen als eine Art christliche Lebensversicherung. Materielles Wohlergehen wird als einzufordernde Segnung von höherer Warte als Gegenleistung für ein gottesfürchtiges Leben fast schon für selbstverständlich gehalten. Christsein wird mit einem bürgerlich wohlsituierten Leben verwechselt. Geschichten wie die des Hiob werden ausgeblendet.

Und doch gibt es Hiobsbotschaften auch in unserem Leben und im Leben vieler Menschen in unserem Umfeld. Es sind Nachrichten und nicht beeinflussbare Umstände, die das bisherige Leben in wenigen Augenblicken oder Zeitabschnitten völlig anders erscheinen lassen. Der Aufstieg des besagten fleißigen Unternehmerehepaares endete abrupt, als die in Turbulenzen geratene Hausbank einen ansonsten üblichen Saisonkredit verweigerte. Plötzlich war alles ganz anders. «Statt mit Geschäftsfreunden hatte ich nun mit Rechtsanwälten und dem Gerichtsvollzieher zu tun. Statt eines vorher vollen Terminkalenders hatte ich plötzlich überhaupt keine Arbeit mehr», erinnert sich der Unternehmer. Für ihn bedeutete der Verlust der Lebensleistung einen unerwarteten Fall und ein schmerzhaftes Scheitern.

Gerade in den Zeiten der aktuellen Wirtschaftskrise finden sich vormals blühende Unternehmen und Firmen in vielen Fällen völlig unverschuldet in einer ähnlichen Situation. Oft zerbrechen Ehen, Manager flüchten sich in Drogen oder Alkohol, einige sehen keinen anderen Weg, als die Hand an das eigene Leben zu legen. Mein Freund blieb vor Groll und Verbitterung bewahrt. Er hatte eine funktionierende Familie, hatte Freunde und eine Gemeinde, die für ihn betete. Ein Netz, in das er sich fallen lassen konnte und das nicht riss. «Ich spürte, dass ein Schutzschild um mich herum ist», erinnert er sich. Viele Menschen können erfahrene Niederlagen nicht verarbeiten, weil sie sich nicht für andere öffnen. Einen Kreis von Menschen um sich zu haben, der quasi durch dick und dünn mit einem geht, ist ein durch nichts zu ersetzendes Gut.

Ich erinnere mich an meinen verpatzten Wahlabend, der für mich mit der Verkündung der zu wenigen Wählerstimmen begann und mit einem kleinen Essen im Kreis von Unterstützern, Freunden und der Familie im eigenen Heim endete. Ein hilfreicher Abschluss eines solchen Tages. Es ist jedem zu empfehlen, den Abend von wichtigen Entscheidungstagen nicht alleine zu verbringen – im positiven wie vor allem im negativen Fall.

Der Unternehmer blieb nicht am Boden liegen. Er begriff seine Situation als Prüfung, «wo denn mein Herz hinge». Das Scheitern wurde aufgearbeitet, es wurde nach vorne geschaut. Aus den Ruinen der alten Firma begann bald ein neues Unternehmen zu grünen, das sein Sohn nun behutsam aufbaut. Neben der Unterstützung des Vaters ist das Erleben des Scheiterns ein Fundament für eine neue, hoffnungsvolle Zukunft geworden. Ganz genau wie Hiob erfährt die Familie nach dem Tal der Entbehrung einen neuen Aufstieg zu neuen Zielen. Natürlich ist man vorsichtiger geworden. Das Erleben des Durchtragens Gottes durch eine schlimme Krise eint. «Wir können heute gut mit dem damaligen Geschehen umgehen», sagte der Unternehmer mir jüngst. «Wir fühlen uns von seiner Hand getragen.»

Auch schlimmste Niederlagen können sich letztendlich zum Guten wenden. Mir ist dieser Tage ein Lesezeichen in die Hand gegeben worden, das Stationen des Lebens des wohl bekanntesten und bedeutendsten US-amerikanischen Präsidenten Abraham Lincoln schlaglichtartig darstellt. Es ist ein Zeichen der Hoffnung und der Überwindung von Niederlagen. Unter einem Bildportrait und dem Namen des Präsidenten ist zu lesen:

Abraham Lincoln (1809–1865)

1812	Ein jüngerer Bruder stirbt
1816	Die Familie musste ihr Heim verlassen
1818	Tod der Mutter
1819	Ein Pferd tritt ihn auf den Kopf
1828	Tod der älteren Schwester
1831	Geschäftlicher Misserfolg
1832	Niederlage in der Wahl für das Parlament von Illinois
1833	Weiterer geschäftlicher Misserfolg
1834	Wahl in das Parlament von Illinois
1835	Tod der künftigen Ehefrau
1836	Nervenzusammenbruch
1837	Zurückweisung eines Heiratsantrages
1838	Niederlage in der Wahl zum Sprecher des Parlaments von Illinois
1840	Niederlage bei der Wahl zum Wahlmann
1843	Niederlage in der Wahl zum Kongressabgeordneten
1846	Wahl zum Kongressabgeordneten
1848	Erneute Niederlage in der Wahl zum Kongressabgeordneten
1850	Tod eines Sohns
1854	Niederlage in der Wahl zum US-Senat
1856	Niederlage in der Wahl zum US-Vizepräsidenten
1858	Weitere Niederlage in der Wahl zum US-Senat
1860	Gewählt zum 16. Präsidenten der USA

Wir sind zwar keine amerikanischen Präsidenten, doch werden wir im Rückblick auf unser Leben ähnliche Wellenbewegungen von Erfolgen und Misserfolgen sehen. Schon der Alltag ist ein Auf und Ab von Erlebnissen unterschiedlichster Art, seien sie auch völlig undramatisch. Wie oft kommen wir uns wie in einem Labyrinth gefangen vor und stehen dann doch überraschend vor einem gangbaren Weg, der bis zuletzt nicht ersichtlich gewesen war. Was wir persönlich als subjektive Niederlagen oder Siege empfinden, kann anderen in ihrer jeweiligen Situation völlig anders erscheinen. Entscheidend bleibt die Perspektive. Wenn wir von uns weg und auf Gott schauen und uns die Liebe Jesu als *guten Hirten* vor Augen halten, können uns die Irrungen und Wirrungen des Lebens zwar schrecken, aber nicht in die Hoffnungslosigkeit treiben. Mit Paulus dürfen wir sagen: «Ich vermag alles durch den, der mich mächtig macht» (Philipper 4,13; LUT) – und das ist Jesus Christus. Ich vermag alles – also auch Niederlagen aushalten.

Ein Gebet zum Ausklang

Vielleicht kann ein Gebet nach Worten von Antoine de Saint-Exupéry helfen, bestimmte Situationen besser zu überwinden. Manchmal sind kleine Schritte notwendig, um aus einer Misere gut herauszukommen:

Ich bitte um Kraft für den Alltag. Lehre mich die Kunst der kleinen Schritte …

Mach mich griffsicher in der richtigen Zeiteinteilung. Schenke mir das Fingerspitzengefühl, um herauszufinden, was erstrangig und was zweitrangig ist.

Lass mich erkennen, dass Träume nicht weiterhelfen, weder über die Vergangenheit noch über die Zukunft. Hilf mir, das Nächste so gut wie möglich zu tun und die jetzige Stunde als die wichtigste zu erkennen.

Verleihe mir die nötige Fantasie, im rechten Augenblick ein Päckchen Güte, mit oder ohne Worte, an der richtigen Stelle abzugeben.

Bewahre mich vor dem naiven Glauben, es müsste im Leben alles glattgehen. Schenke mir die nüchterne Erkenntnis, dass Schwierigkeiten, Niederlagen, Misserfolge und Rückschläge eine selbstverständliche Zugabe zum Leben sind, durch die wir wachsen und reifen.

Erinnere mich daran, dass das Herz oft gegen den Verstand streikt. Schick mir im rechten Augenblick jemanden, der den Mut hat, mir die Wahrheit in Liebe zu sagen.

Du weißt, wie sehr wir der Freundschaft bedürfen. Gib, dass ich diesem schönsten, riskantesten und zartesten Geschenk des Lebens gewachsen bin.

Mach aus mir einen Menschen, der einem Schiff mit Tiefgang gleicht, um auch die zu erreichen, die «unten» sind.

Bewahre mich vor der Angst, ich könnte das Leben versäumen.

Gib mir nicht, was ich mir wünsche, sondern das, was ich brauche.

Lehre mich die Kunst der kleinen Schritte.

Dank

Dass das Buch in dieser Form vor Ihnen liegt, ist in erster Linie meiner Familie zu verdanken, die mich in den Stunden entbehrt hat, in denen ich mir Gedanken machen und diese dann niederschreiben konnte. Danken möchte ich auch dem Brunnen Verlag Basel und Christian Meyer sowie Vera Hahn für die gute inhaltliche wie formale Begleitung. Wichtige Tipps und Anregungen gaben mir Ute Frey und Michael Raithelhuber.

Medienauswahl

Literatur:

Rudolf Augstein: *Jesus Menschensohn*, Hamburg 2002.

Klaus Berger: *Paulus*, München 2002.

Christfried Böttrich: *Petrus. Fischer, Fels und Funktionär*, Leipzig 2001.

Theodor Braun (Hrsg.): *Das Geschichtswerk des Herodot von Halikarnassos*, Leipzig 2001.

Nathan Caplan, John Whitmore, Marcella Choy: *The Boat People and Achievement in America*, Michigan 1989.

Hillary Clinton: *Gelebte Geschichte*, München 2003.

Bettina Eltrop: «Wunsch und Wirklichkeit», in: Bettina Wellmann (Hrsg.): *Jeremia*, Stuttgart 2007.

George Foreman: *Mit Gott im Ring*, Asslar 2008.

Mike Huckabee: *Do The Right Thing*, New York 2008.

Werner Milstein: *Mut zum Widerstand. Sophie Scholl – ein Portrait*, Neukirchen-Vluyn 2003.

Evi Simeoni, in: «Frankfurter Allgemeine Zeitung» vom 19. August 2008, Nr. 194, Seite 31.

Matthew Tull: «Post Traumatic Stress», in: «about.com» vom Januar 2009.

Manfred Wolf: *Eine Frage noch, Herr Luther ... Interview mit einem Ketzer*, Leipzig 2004.

Virtuelle Medien:

bibleserver.com

Der Brockhaus multimedial

wibilex.de; WiBiLex – Das Bibellexikon

de.wikipedia.org

ynetnews.com